经济预测力

[日]中原圭介 著
译者 马奈

経済予測入門

人民东方出版传媒
People's Oriental Publishing & Media
東方出版社
The Oriental Press

图书在版编目（CIP）数据

经济预测力／（日）中原圭介 著；马奈 译. —北京：东方出版社，2017. 7
ISBN 978-7-5060-9839-7

Ⅰ. ①经…　Ⅱ. ①中…　②马…　Ⅲ. ①经济预测学　Ⅳ. ①F201

中国版本图书馆 CIP 数据核字（2017）第 190106 号

经济预测力
(JINGJI YUCELI)

作　　者：[日] 中原圭介
译　　者：马　奈
责任编辑：袁　园
出　　版：东方出版社
发　　行：人民东方出版传媒有限公司
地　　址：北京市东城区东四十条 113 号
邮　　编：100007
印　　刷：北京京都六环印刷厂
版　　次：2017 年 10 月第 1 版
印　　次：2017 年 10 月第 1 次印刷
开　　本：630 毫米×950 毫米　1/16
印　　张：10. 25
字　　数：85 千字
书　　号：ISBN 978-7-5060-9839-7
定　　价：38. 00 元
发行电话：(010) 85924663　85924644　85924641

前　言

商海浮沉的人需要具备一种必不可少的能力，这就是“预测经济的能力”(以下简称“经济预测力”)，而提高预测经济的能力正是本书写作目的。

当今世界，为什么说“经济预测力”必不可少?

人们普遍认为，与欧美企业相比，日本的企业有着更加坚实的经营基础，而这种“常识”与现实情况相去甚远。很多日本企业由于没有认清宏观经济大势，不管怎样调整经营策略，最终还是败走麦城。这样的案例重复出现，不胜枚举，今后依然会有不少企业前赴后继吧。

比如近年来由于石油及其他资源价格低廉，以大型商贸公司为首，众多具有代表性的日本企业经营状况大幅恶化，苦不堪言。究其原因，一些企业的管理者甚至商业领袖们并没有独立自主地分析石油等资源的供求关系，而是做了甩手掌柜，把这个重任交给一些不靠谱的智库的“砖家”，最终导致企业经营、投资等的失败。

在大型企业的管理者、商业领袖中，有相当一部分人产生过疑问：“现在这个时期，很难判断经营状况吧。”其实，这正是因为他们没有敏锐地认识到宏观的经济趋势与潮流。

话又说回来，企业经营者与商业领袖并非一定要精通经济前景的预测，只要他们的企业中储备一些深谙经济运行规律的人才，就能够裨补缺漏。

但是实际上，不仅是日本，在世界范围内，又有哪个企业拥有能够准确判断经济大势的人才呢？所以说当今世界风云变幻，不管企业规模，不论年龄性别，掌握经济预测力的人才一定会成为“香饽饽”。

据说在美国，假以时日，“数据科学家”将成为最具吸引力的职业，而具有经济预测力的企业员工同样也会别具魅力、平分秋色。

本书将首先分析今后的时代里如何寻求经济预测力，再围绕三个要点，说明学习掌握经济预测力的方法。

相比于充斥街头巷尾的成百上千的简明商业类读物，读者朋友们若能读完这本书，并转化为自己的食粮，学以致用，一定会对以后的生活与工作大有裨益。我非常希望这本书能够帮助大家在经济的分析预测、各类商务场合以及资本运营等方面做出最有利的选择。

中原圭介

2016 年 9 月

目　录

第 一 章

预判经济趋势乃生意兴隆之关键

失败案例① 为何日本企业不断失败

在日本，一些企业管理者、商业领袖在制订国内外的设备投资、海外企业并购等经营战略时显得捉襟见肘，原因何在？

一言以蔽之，因为他们没有认清经济运行的大趋势，在不恰当的时机进行了不恰当的投资，一旦出现经济萧条，巨额亏损不可避免。某些情况下，企业甚至难以继续生存发展。这样的案例重复出现，不胜枚举，今后历史恐怕还会重演。

众所周知，现在各个国家的经济每况愈下。当然有人认为，由于美国的消费状况表现坚挺，2016 年的世界经济算得上繁荣增长。但是笔者认为下一轮经济萧条迟早会到来，只是时间问题而已。即使情况没有雷曼兄弟破产后那么惨烈（注：美国雷曼兄弟公司创立于 1850 年，是为全球公司、机构、政府和投资者提供金融服务的一家全方位、多元化投资银行，曾位列全美第四，2008 年 9 月 15 日宣布破产），全球经济在 2020 年之前也会遭受很大的冲击。照这样发展下去，一旦出现经济低迷的状况，大多数日本企业都会不可避免地蒙受各种损失。

日本的代表性大企业误判经营战略

自2000年以来，因经营投资失败导致亏损的日本企业不计其数。

举个例子，2003—2006年美国房地产市场吹起泡沫，在泡沫晚期，日本的出口企业决定扩张业务。他们预判，以美国为首的世界各国都会产生更大更多的需求，于是就在国内外增加生产设备、加速并购海外企业等，各种投资豪情万丈，高歌猛进。

但是，2007—2008年美国房地产泡沫破裂并引发经济危机，日本企业效益急转直下，此前的业务扩张宏图成了竹篮打水一场空。在2008年度（2008年4月—2009年3月）的决算中，设备损耗等巨额亏损比比皆是，尤其是日本经济的“顶梁柱”——汽车制造业与电机制造业——遭受了巨大的打击。

比如汽车制造业的领头羊丰田汽车预判美国的需求会大幅增长，将年生产能力提高至1000万台，而在美国的经济泡沫破裂后，多余生产设备的产量竟达到350万台。丰田忍痛决定，在日本、美国、欧洲减少100万台车辆的生产设备并列入特别损失，国内产量减少30%，2009年4月起在海外生产部门实行“工作分摊制”（译者注：该制度即每个人减少工时，并相应减薪，使更多人保住工作，以降低失业率），涉及约四成（超过3万名）员工。在主要市场美国的销量骤减以及日元升值美元贬值的汇率因素的双重打击下，丰田汽车的2008年度决算竟达4369亿日元赤字，而上一年度则是1.72兆日元的盈利。

不只是丰田，坐日本国内汽车制造业第二把交椅的日产汽车同样衰败，2008 年度决算为 2337 亿日元赤字，而上一年度则是 4822 亿日元的盈利。自 1999 年卡洛斯·戈恩（Carlos Ghosn）就任日产汽车首席执行官（CEO）以来，日产还是第一次出现赤字的情况。即便是卡洛斯·戈恩这样出色的企业管理者，面对全球性的不景气也是巧妇难为无米之炊。

同样陷入困境的电机制造业

雷曼兄弟破产之后，松下电器、东芝、NEC 等电机制造企业也遭受了巨额的损失。

松下电器 2008 年度决算为 3789 亿日元赤字，而上一年度则是 2818 亿日元的史上最高盈利。松下不得不关闭了国内外近 50 处生产基地，进行了约 1.5 万人（包含正式员工）的大规模裁员。当初雄心勃勃希望连续两年达到 3100 亿日元盈利，可全球性经济低迷给松下泼了一盆冷水。

无独有偶，同病相怜的东芝 2008 年度决算为 3435 亿日元赤字，而上一年度则是 1274 亿日元的盈利。NEC 2008 年度决算为 2966 亿日元赤字，而上一年度则是 226 亿日元的盈利。东芝、NEC 也都关闭了各自旗下的多处生产基地，东芝裁员 4500 人，NEC 裁员超过 2 万人（见表 1-1）。

如同奥赛罗棋游戏（注：又叫黑白棋、翻转棋，通过相互翻转对方的棋子，最后以棋盘上谁的棋子多来判断胜负）一样，在

表 1-1 美国房地产泡沫破裂后的经营失败案例

公司名称	最终收益（2008 年度，单位：亿日元）	应对措施
丰田	–4369	辞退临时工，压缩固定支出
日产	–2337	裁员 2 万人，削减设备投资
本田	1370	辞退全部临时工
日立	–7873	裁员 7000 人
松下	–3789	裁员 1.5 万人，关闭 13 家工厂
东芝	–3435	裁员 4500 人，关闭液晶工厂
NEC	–2966	裁员 2 万人
富士通	–1123	裁员 2000 人，变卖 HDD 业务
索尼	–989	裁员 1.6 万人

日本的代表性企业经济效益急剧恶化，
必须进行大规模产业结构调整！

巨额赤字决算以及随之而来的残酷的产业结构调整影响下，上一年度的大好形势轻而易举地化为乌有。

在这些日本的代表性企业中，不用说亏损，甚至有些企业自身的生存都成了难题。

比如日立，其官僚主义式的经营方式本来就存在积弊，又赶上了雷曼兄弟破产后的全球性经济萧条，屋漏逢雨，赤字高达 7378 亿日元，情况之危急前所未有。最后，苟延残喘的日立只得忍痛做出牺牲，裁员 7000 人，重组经济效益恶化的集团企业。日立把业务重心集中在基础设施建设相关领域，自 2009 年起耗时 3 年，将 19 家上市子公司压缩合并为 11 家。

失败原因：未能纵览宏观经济

以上这些案例都有一个共同的特点，那就是没有纵览宏观经济，在错误的时机进行了巨额投资，扩张业务。换言之，这些失败的经营都是因为企业的管理者乃至商业领袖在没有看清经济的大趋势的情况下，稀里糊涂地做出了重大的投资决定。

如果能早一点防患于未然，日本企业就可以把更多的资金投入研究与开发，现在很有可能已经引领全世界了吧。想到这一点，笔者感到非常遗憾。

处方笺 ① 避免经营困境须关注经济的“异常状态”

如果日本企业的经营者能够清醒地认识美国房地产泡沫，就不会出现过剩的设备投资，不会增加雇用的员工，大规模的产业结构“洗牌”以及巨额亏损等自然也可以避免了。此外，通过与外国企业的竞争，日本企业也能相当好地构建其经营战略了吧。

泡沫破裂前会有征兆

那么怎样才能正确认识美国的房地产泡沫呢？

随着美国房地产泡沫的膨胀，2007 年次级抵押贷款（为信用程度较差和收入不高的借款人提供的贷款）产生的问题日益凸显，而大多数经济专家和金融监管当局有关人士均表示“这不是什么大问题”，基本上采取了无视的态度。当然，报纸及财经媒体等也仅仅是附和他们的意见，几乎没有任何文章指出次贷问题的严重性。

与此相反，笔者自 2005 年起就已经在自己的著作以及各类媒体上预测“美国的房地产泡沫有可能在2007—2008年崩盘”，向日本的企业家和投资者敲响了警钟。但可惜的是直到2008年雷曼兄弟破产前，笔者发出的警告被大多数“这不是什么大问题”的主流意见完全淹没了。

美联储原主席艾伦·格林斯潘的经典名言是“泡沫只有在破裂之后才知道是泡沫”，但是笔者认为如果能够注意到经济的“异常状态”，就能清楚地认识到泡沫的存在。2005—2006年，美国的房地产泡沫如烈火烹油，所有人都沉浸在狂欢之中，世界经济增长率高达4.9%—5.5%，而这都是依靠巨额贷款搭建起来的海市蜃楼。这是笔者的直观感受，同时也是客观判断。

当时，“低收入者也能买得起住房”的口号在美国国内甚嚣尘上，加上家庭债务不断增长，共同造成了世界经济的虚假繁荣。经济发展的正确途径本来应该是先储蓄后消费，这样的经济运行才是可持续的，而一味地依赖于贷款的经济迟早出问题。总而言之，人们当时应该认识到经济状况已经是债台高筑的异常状态了。

从细微之处发现经济异常状态

笔者之所以能预见美国的房地产泡沫会崩盘，是因为注意到了美国的“二手住房交易量”这一重要指标。日本的房地产市场上新建住宅的销售占主流，而在美国则是二手房占交易量的八至九成。但是大多数经济专家并没有关注美国二手房交易量等相关指标，因此直到2007年次贷危机爆发（注：指次级抵押贷款机构破产、投资基金被迫关闭、股市剧烈震荡引起的风暴，它致使全球主要金融市场隐约出现流动性不足危机。美国次贷危机是从2006年春季开始逐步显现的。2007年8月席卷美国、欧盟和日本等世界主要金融市场。从2007年8月开始，美联储做出反应，向金融体系注入流动性以增加市场信心，美国股市也得以在高位维持，形势看来似乎不是很坏。然而，2008年8月，美国房贷两大巨头——房利美和房地美——股价暴跌，持有“两房”债券的金融机构大面积亏损。美国财政部和美联储被迫接管“两房”），他们都未能理解这一问题的严重性。

当时，日本的经济类报刊上也很少出现关于二手房交易量的文章。即使偶尔刊载一篇，如果不把全部版面一字不差地看完，也很容易漏掉关键内容。

幸运的是笔者以史为鉴，日本经济新闻的每一个字都不放过，从头到尾看个遍，于是通过“美国二手房交易量正在下降”这篇报道预测出即将到来的巨大冲击。如果能够了解以日本的房地产泡沫等为代表的“泡沫的历史”，自然就会关注美国房地产市场的相关指标，把这些信息与次贷危机结合起来思考，很容易预见到日后发生的房地产泡沫破裂的来龙去脉。

实际上，人们都是事后诸葛亮，房地产泡沫破裂之后，大家才注意到财经媒体上报道的二手房交易量等相关指标。号称经济“专家”的人们，笔者多么希望你们最迟能在2006年关注美国房地产相关指标，多么希望你们认识到依靠贷款制造出的经济异常状态如同秋后蚂蚱不会长久。

同样的失败反复出现

可惜的是，那些经济专家们表现得像是“砖家”，而企业的经营者总是一味地相信他们的意见，当然不会留心当时的经济已经处于异常状态了。

人们普遍认为，日系企业的经营模式善于守成，与欧美系企业相比拥有更加坚实的基础，但实际情况并非如此。他们没有发现在泡沫中愈演愈烈的经济异常状态，认为当时的繁荣会持续下去，即便到了房地产泡沫最终阶段的2005—2006年，依然在不断投资，积极扩张。

结果显而易见，经济泡沫崩盘，萧条接踵而至，海外生产基地被迫关闭，产业结构“洗牌”，巨额赤字浮出水面，最终动摇了企业生存发展的根基所在。

20世纪90年代初日本经济泡沫破裂后，摆在日本企业面前的正是设备过剩、雇用过剩、债务过剩的“三过”问题，但是时至雷曼兄弟破产，日本企业都没有吸取历史的教训。20世纪80年代后期的泡沫经济已经属于异常状态，贷款催生的过剩的设备投资如火如荼，泡沫破裂后，汽车制造业最多的有三成过剩设备，钢铁制造业也有两成。这些血的教训早已被人们遗忘。

近年来，日本企业因资源泡沫的破裂而经历了同样的失败，今后可能还会重蹈覆辙吧。

失败案例② 为何日本企业误判供求关系

如前所述，企业经营失败的主要原因是没有认清经济运行的大趋势。要做到这一点，就必须准确分析供求关系，它是经营战略的根本所在。

回首过去十年的历史，即便不是在全球经济低迷的时代，由于误判供求平衡关系而蒙受巨额损失的日本大型企业亦不在少数。

特殊需求导致超薄电视产业误判供求关系

误判供求关系的经典案例，就包括因“地面数字特需”(为接收地面数字广播信号而更换新电视的特殊需求）而沾沾自喜的家电制造行业。

地面数字广播信号的普及自 2003 年起在东京、大阪、名古屋三大城市圈率先开展，于 2006 年 12 月覆盖地区扩大至全国各县政府所在地，之后扩展至日本全境。

2011 年 7 月，模拟广播信号寿终正寝，全面进入地面数字广播时代，与此相呼应，电视也需要更新换代。为进一步覆盖普及，日本出台了电视更新的支持性政策，于 2009 年开始实行家电环保积分补贴制度，若购买与地面数字广播信号对应的电视，即可获得价值 7000—36000 日元的环保积分，积分可以用来购买指定的家电产品。

在这项政策的刺激下，直到 2011 年 3 月底补贴制度结束，人们争先恐后淘汰原来的模拟电视，更换新的超薄电视，给予了“地面数字特需”强有力的支持。

与此同时，日本的家电制造商预测与地面数字广播信号对应的超薄电视的更新换代将会成为一次巨大商机，纷纷投资购买大型生产设备。

作为液晶电视的龙头，夏普于 2004 年投资 1500 亿日元建成龟山第一工厂（位于三重县），又于 2006 年投资 3500 亿日元设立龟山第二工厂，开足马力大量生产液晶电视。更令人吃惊的是，2009 年夏普豪掷 4200 亿日元打造了全世界规模最大的液晶电视工厂（位于大阪府堺市）并投入运行。

松下电器为了在超薄电视的市场份额竞争中与夏普分庭抗礼，也积极地大兴土木，不断建设新工厂并开工生产。松下于 2005 年首次投资 950 亿日元设立尼崎第一工厂（位于兵库县），2006 年耗资 2200 亿日元设立茂原工厂（位于千叶县），2007 年花费 1800 亿日元设立尼崎第二工厂，2009 年投资 1500 亿日元设立尼崎第三工厂，最终于 2010 年进行了高达 2350 亿日元的史上

图1-1 电视的生产、进出口、内需

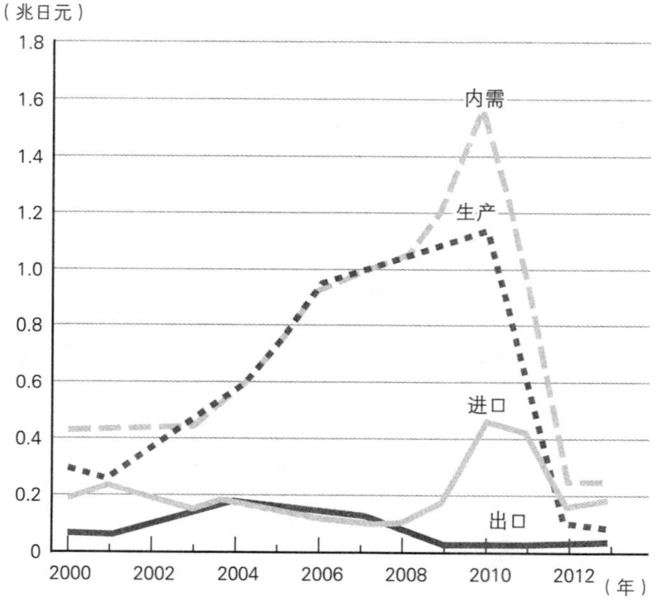

资料来源：机械统计、贸易统计。

> **根据家电环保积分补贴制度与模拟广播信号的终止时间，能够预测需求的高峰期。**

最大额度投资，建成了松下最大规模的姬路工厂（位于兵库县）。

在消费者的需求高峰期，企业的巨额投资实际上是下策

通过分析夏普和松下的设备投资的进程，笔者感到非常疑惑。家电环保积分补贴制度与模拟广播信号的终止时间重合在2011年，那么超薄电视的需求高峰期应该是2010年，此后市场需求就会急剧下降，这难道不是很容易就能预见的吗？

电视属于耐用消费品，一旦购买，短时间内不会更换。因此，"地面数字特需"消失后，往日的繁华景象必然烟消云散，这是显而易见的。

但是，夏普挥金如土创办的堺市工厂于2009年10月投入运行，此后不到一年，松下一掷千金的姬路工厂也于2010年4月开始运行。好景不长，日本国内市场对于超薄电视的需求骤减，形势急转直下。最终，不仅大型工厂的开工率大幅下降，库存产品也积压如山，2011年以后，日本的家电制造行业在电视领域一蹶不振，无一幸免。

家电制造商们有的被迫大幅减产、关闭甚至变卖工厂，有的则装出一副胜利者、先行者的模样对电视产业说"再见"。

失败原因并非外部环境，在于经营者自身

在电机制造行业的大型企业中，除日立以重型电机为支柱实

表 1–2 “数字信号家电特需”后的业绩下滑案例

（亿日元）

公司名称	2010 年度		2011 年度	
	销售额	最终盈亏	销售额	最终盈亏
松下电器	86927	740	78462	–7722
索尼	71813	–2596	64932	–4567
夏普	30219	194	24559	–3761
日立	93158	2389	96659	3472
东芝	62640	1583	59964	32
三菱电机	36453	1245	36395	1121
富士通	45284	551	44676	427

资料来源：各公司决算资料。

即便是大型电机制造商，
以超薄电视为主的三家公司
都出现业绩大幅下滑的情况。

现起死回生，连续两年达到历史最高盈利之外，执着于超薄电视的夏普、松下电器、索尼在 2011 年度（2011 年 4 月—2012 年 3 月）决算中陷入了前所未有的赤字。主营重型电机的日立、三菱电机、东芝分别实现盈利 3472 亿日元、1121 亿日元、32 亿日元，而主营家电的夏普、松下电器、索尼分别亏损 3761 亿日元、7722 亿日元、4567 亿日元，相比之下，高低立判。

夏普、索尼、松下电器等具有代表性的日本家电制造商陷入困境的原因绝非当时日元升值及高法人税等外部因素，而是企业经营者的重大判断失误——完全忽视未来的供求关系，设备投资过剩。

处方笺 ② 避免经营困境须理性思考供求关系

2011 年 3 月家电环保积分补贴制度结束，同年 7 月模拟广播信号终止，这是一开始就决定了的事情。

照这样发展下去，“地面数字特需”最早在 2010 年年中、最迟于 2011 年 7 月前就会完全消失。

那么如果在 2007 年以后决定进行大型投资，特殊需求结束后一定会出现供应过剩的情况，这是显而易见的。但是为什么大企业的经营者们还会蜂拥而上进行滞后的巨额投资呢？

过剩的设备投资本可避免

可能有人会想，夏普于 2004 年和 2006 年投入运行的工厂（花费 1500 亿日元的龟山第一工厂与花费 3500 亿日元的龟山第二工厂）不是合乎时宜吗？但是从经济大趋势的角度来看，当时美国的房地产泡沫已处于悬崖边缘，应该能够预见全世界的需求量会急剧减少，那么在 2006 年设立工厂明显就是判断失误。

塞翁失马焉知祸福，得益于国家政策支持的特殊需求，家电制造行业从雷曼兄弟破产后的艰苦环境中脱身而出，好不容易喘了一口气，但似乎完全沉浸在特殊需求的温柔乡中。然而给予夏普致命一击的正是自 2009 年起开工的全球最大的工厂（耗资 4200 亿日元的堺市工厂）。

如果能理性思考供求平衡关系再决定是否投资，在建设巨大工厂的关键时间节点 2007 年，夏普完全可以重新论证投资计划，三思而后行，也就不会出现此后的经营危机了。

同理，松下电器在国家政策支持下于 2006 年和 2007 年设立的工厂（投资 2200 亿日元的茂原工厂及 1800 亿日元的尼崎第二工厂）姑且说得过去，但 2009 年和 2010 年相继投入运行的尼崎第三工厂（1500 亿日元）、姬路工厂（2350 亿日元）则是在投资计划阶段就没有进行理性思考的败笔。

海外市场需求亦有误判

家电制造企业的经营者们对于当时的投资也有自己的看法，那就是“地面数字特需”的结束仅限于日本国内，海外市场的需求并没有减少。

当时的财经媒体的确认为，“从世界范围来看，电视产业仍然是处于成长阶段的市场”。2011 年“地面数字特需”结束时，全世界的电视销售量为 22229 万台，得益于新兴国家市场的扩大，比上一年度增长 6%。

但是实际上，当时日本对国外的电视出口量不过九牛一毛，出口的最鼎盛时期是 20 世纪 80 年代中期的老皇历了，自 90 年代中期开始电视进出口反而出现了贸易逆差。

加之当时超薄电视的价格大战势不可当，每年以 20%—30% 的幅度降价，液晶电视轻松地“飞入寻常百姓家”。亚洲各国的制造商争先恐后建设液晶显示器工厂，最终温水煮青蛙似的陷入了供给过剩的状态。

可是日本家电制造企业的经营者轻视甚至无视市场竞争环境的变化，一味地加大对电视产业的投资，因此他们为失败找的借口毫无根据。

令笔者感到不可思议的是，即便在环保积分补贴制度激起大量需求的时期，电视价格依然持续下降，而家电制造企业的经营者却没有意识到问题的严重性。如果能够冷静地分析日本乃至全世界的液晶显示器供给的增长幅度，某种程度上是可以避免如此巨额的投资的吧。

特殊需求之后必有剧烈转折

回顾历史，不难发现只要因特殊需求导致需求量大增，其后必然出现报复性减少。当世界经济繁荣时，报复性减少尚且不足为惧，但是如果经济状况恶化，这种减少就会出乎意料地剧烈，并将长期持续。

2009 年 4 月起开始执行的环保车辆补贴制度也激发了特殊需

图1–2　工厂投入运行时间及需求高峰期

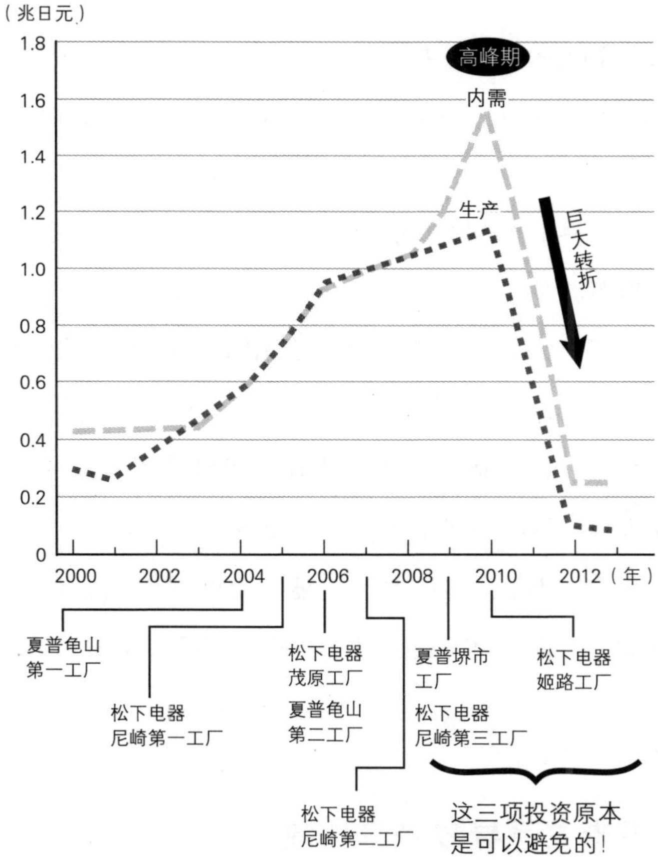

求，此后同样由于反作用，需求量大减。2010 年 9 月环保补贴停止后，新车销售量大幅回落，10 月环比下降 26.7%，11 月环比下降 30.7%，12 月环比下降 28.3%，截至 2011 年 8 月，销售量平均下降了近三成。

2014 年消费税增加之前出现了抢购性需求，此后同样引起了消费市场的报复性下滑。2014 年 4 月至 6 月，个人消费与去年同期相比下降了 2.5%，2014 年全年环比下降 2.9%，好景不再。

家电及汽车的环保补贴制等企业的救命稻草反而成了阻碍企业经营改革的绊脚石，对企业的可持续发展有害无益。前车之鉴后事之师，关键在于日本的企业经营者应该懂得寅吃卯粮的政策刺激结束后，必然出现需求量下降。

今后一旦经济运行低迷，就有可能出台刺激需求的政策。但是企业经营者决不能坐享其成，应该反思特殊需求后报复性减少的历史，不能因一时的“盛宴”而得意忘形。此外，人们还要认识到，寅吃卯粮及其报复性减少都是经济大潮中的一小股支流。

误判供求关系导致经营失败

如前所述，笔者始终无法理解为什么夏普、松下电器等在 2009—2010 年依然开设大型工厂。特别是凭借液晶电视纵横国内市场的夏普，在雷曼兄弟破产后依靠“地面数字特需”回光返照，随即又无法应对经济环境的骤变，最终巨额投资亏损，企业深陷经营危机。

夏普、松下电器等案例正是经营者们忽视最基本的供求关系分析的佐证。

失败案例③ 为何日本企业未能预见资源价格下跌

误判供求平衡关系导致投资失败的最新代表性案例，是未能预见能源资源价格下跌的日本大型商行。

在三菱商事、三井物产、住友商事、伊藤忠商事、丸红这 5 家大型综合商行的 2015 年度（2015 年 4 月—2016 年 3 月）决算中，由于能源资源价格大幅下跌，损失高达 1.2 兆日元，5 家公司的总计盈利减少至 1443 亿日元（上一年度为 1.04 兆日元盈利）。三菱商事与三井物产在二战后首次出现赤字，其他 3 家的盈利与当初的计划相比也是大幅萎缩。

依靠高价资源盈利的商行突然经营恶化

日本的大型商行判断，国际原油价格飞涨及中国资源需求强烈的状况今后仍会持续，于是将重心放在能源资源的开发上，投入了大量资金。这样大手笔的投资与“今后新兴国家及发展中国家的人口增加，能源、资源等的需求也会持续增长”这一国际组

图1-3　原油价格、铁矿石价格、铜价的变化

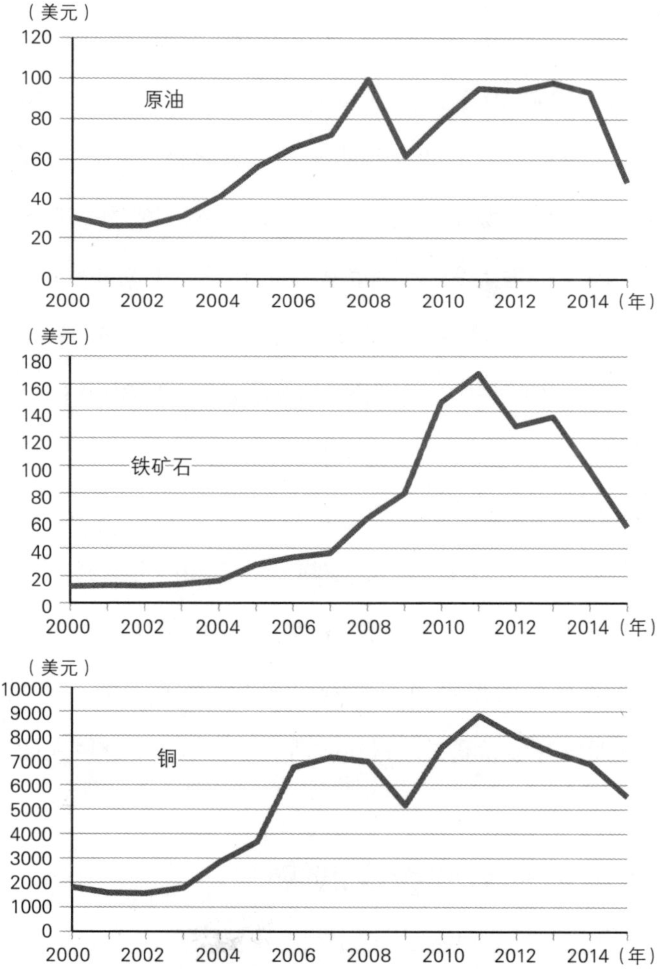

注：由于是月平均数据，无法体现每日最高价及最低价。
资料来源：国际货币基金组织。

织（IMF、OECD 等）及民间智库（野村综研、大和综研等）的预测密切相关。

但是，原油价格自 2014 年下半年开始下跌，原来每桶价格在 100 美元以上，2015 年 1 月低于 50 美元，2016 年 2 月甚至一度跌破 30 美元大关。铁矿石价格在 2013 年年初为每吨 150 美元以上，2014 年 11 月跌破 70 美元，2015 年 11 月再创新低，跌至 50 美元。

号称大型商行双雄的三菱商事与三井物产亏损的原因正是它们比其他公司在资源项目上投入了更加巨额的资金。2015 年度决算中，三菱商事为 1493 亿日元赤字（上一年度为 4005 亿日元盈利），三井物产为 834 亿日元赤字（上一年度为 3064 亿日元盈利），与资源相关的损失分别高达 4260 亿日元、3500 亿日元，严重殃及整体业绩。

给两家公司造成巨额损失的主要原因是铜价的大幅下跌。铜价在 2011 年的高峰期达到 1 万美元/吨，但是 2014 年资源泡沫开始破裂，2015 年 11 月跌至 5000 美元/吨，2016 年 1 月跌破 4500 美元/吨。两家公司的投资模式都是斥资收购铜矿开发企业的股份，而 2011—2012 年铜价正处于高位，所以才会造成如此巨大的损失。

依赖专家的形势判断最危险

误判能源资源价格走向的不仅是大型商行，大型石油总经销商也未曾料到原油价格会持续下跌。

2015 年度（2015 年 4 月—2016 年 3 月）的决算中，规模最

表 1–3　资源价格下跌引起的业绩下滑案例

（亿日元）

公司名称	2014 年度		2015 年度	
	销售额	最终盈亏	销售额	最终盈亏
三菱商事	76694	4005	69225	–1493
三井物产	54049	3064	47596	–834
丸红	78342	1056	73002	622
伊藤忠商事	55914	3005	50835	2403
住友商事	37622	–731	40108	745
JX 控股	108824	–2772	87378	–2785
出光兴产	46297	–1379	35702	–359
宇宙能量	30358	–777	22442	–502

资料来源：各公司决算资料。

资源损失已计入，但建筑机械业务发展良好，扭亏为盈。

综合商行、大型石油总经销商误判资源价格市场，业绩下滑，持续亏损。

大的JX控股亏损2785亿日元（上一年度亏损2772亿日元），宇宙能量亏损502亿日元（上一年度亏损777亿日元），出光兴产亏损359亿日元（上一年度亏损1379亿日元），3家大型总经销商自2014年起连续两年亏损。

在公布2014年度的决算时，3家公司都预测2015年度会扭亏为盈，对“原油价格已经见底”的判断持乐观态度，而这种判断正是来自当时的国际组织和民间智库等。

比如知名度最高的国际货币基金组织（IMF）于2015年3月发布了题为《商品价格展望及风险》(*Commodity Price Outlook & Risks*）的报告，预测此后一年中美国西得克萨斯轻质原油（WTI原油）价格将会从50美元平缓上涨至60美元。

此外，大和综研在2015年2月发布的《日本经济前景(2015—2024年度)》的报告中指出，原油价格预计在2015年为55美元，2016年上涨到60美元。

然而事与愿违，原油价格持续下跌，3家大型石油总经销商的库存原油的估价亏损日益严重，面向海外油田的开发投资项目效益也逐渐恶化。企业经营者与商业领袖们没有对石油的供求关系进行独立自主的理性分析，而是做了甩手掌柜，把这个重任交给一些不靠谱的“砖家”，最终导致企业经营、投资等的失败。

第二章中将会论述，国际组织和智库等对于经济、金融市场的动向只能做出简单的没有技术含量的预测，而这些多如牛毛的预测过于保守，千篇一律。一旦全球经济及金融市场的走向发生变化，所谓的“预测”都会原形毕露，成为一纸空谈。

图1-4　IMF的WTI原油价格预测

资料来源：IMF。

IMF 预测原油价格将会从 50 美元平缓上涨至 60 美元，实际上却是大幅下跌。

处方笺③-1

避免经营困境不要依赖国际组织的预测

笔者在各种社交场合和讲座上与大企业的董事长、总经理及理事们深入交换了意见。特别是在经济和市场出现重大变化后，笔者冒昧地向他们提出了各种质疑。之所以这样做，是因为可以通过不同的回答方式管窥他们的经济观和商业嗅觉，甚至在一些情况下，笔者十分钦佩他们在商业上精深的造诣。

不具备前瞻性的经营者不合格

可惜的是，太多的人令笔者感到失望。谈及经济和经营的话题，笔者提出疑问，“你们没有预料到中国经济增速放缓吗?”“没有预见原油价格下跌吗?”而企业经营者们的回答大多是“经济前景难以预测”“不能预见油价下跌”。

在笔者看来，这样的想法与前文所述的大型商行的散漫经营别无二致。关于 2015 年度业绩恶化的原因，大型商行不约而同地拿出“经济环境变化”“资源价格下跌”等情况作为借口，却对“为什么会出现这些情况”这一关键问题视而不见。正是“无法预见资源价格下跌”的观念导致了不负责任的经营。

总而言之,“……无法预测”的思维方式表明，虽然经济与市场走向对公司业绩具有重大影响，但是出了问题也不能完全归咎于企业经营者。在经济全球化的趋势下，经营战略与经济预测、市场预测密切相关，而许多经营者却从一开始就忽视了这个问题，这对日本来说非常不利。

专家 OR “砖家”?

笔者并非能源资源领域的专家，但是拙作《页岩气革命后的世界力量分布》(钻石出版社，2013 年 6 月）以及《新兴国家——中韩印俄巴——经济大崩溃》(德间书店，2013 年 9 月）早已论述，美国的页岩气革命增加了原油供给，中国经济增速放缓导致资源需求减少，这些都提醒人们“原油价格将在几年内跌破 50 美元（半价以下)”,“与此同时，其他能源资源价格也会暴跌”。

如果能不先入为主地客观地观察经济现象，就可以从 2012 年美国页岩气企业的产能提高中发现能源资源供求平衡大幅逆转的征兆。此外，从 2013 年的各种数据中也能看出，今后几年中国经济的减速会日益严重，因此理所当然可以预见能源资源价格的暴跌。

可惜当时众人皆醉我独醒，专家们对于笔者的观点基本上都持怀疑态度，他们普遍认为，“今后新兴国家的需求增长，原油价格没理由下跌”。当然这也不能全怪他们，毕竟 IMF、OECD、世界银行、欧佩克等国际组织一致公布了“今后原油价格仍会平缓地持续上升”的预测。

具体说来，IMF 在 2013 年 4 月预测，原油价格将于 2014—2015 年达到 100 美元左右/桶；世界银行也于 2014 年 1 月预测，2014 年原油价格为 103 美元/桶，2015 年为 100 美元/桶。

实际上现在回顾 IMF、世界银行等机构的预测，就会发现，供求双方都没有认真分析市场动向。供给方也许没有调查美国页岩气企业的技术革命，对美国原油产量增长的估算过于保守；需求方则预计中国的经济增长率会继续保持在高位，完全没有料到 2014 年之后的需求放缓。

仅凭往日辉煌，不能预测未来

由于石油等资源价格暴跌，俄罗斯等原油生产国以及巴西等资源大国的经济陷入了困境，上文介绍过的几部拙作对这些风险也早已敲响了警钟。当时笔者指出，铁矿石价格暴跌导致长期依赖贷款的巴西经济运转困难，即便拆东墙补西墙勉强支撑到 2014 年，2016 年也只会雪上加霜。

此外，对于以丰田汽车为首的日本的代表性企业撸起袖子开拓巴西市场，笔者也曾建议它们谨慎投资，不宜轻举妄动。原因很简单，除了铁矿石价格暴跌这个“阿喀琉斯之踵”外，当时巴西的家庭债务偿还比率超过了雷曼兄弟破产前的美国，一旦高筑的债台大厦倾塌，消费市场就会急剧恶化。

可是此后，IMF、OECD 等国际组织或民间智库异口同声地预测巴西经济会保持高速增长，在它们的影响下许多日本企业也落入了同样的思维陷阱，相继进入巴西市场。比如 IMF 在 2013 年 10 月预测，2014 年巴西的经济增长率为 2.5%，2018 年将达到 3.5%。

颇具讽刺意味的是，2014 年巴西经济增长率为 0.1%，2015 年为-3.85%，2016 年为-3.49%。2015 年、2016 年连续两年负增长，又创造了历史上一个“第一次”。城门失火殃及池鱼，在巴西的日本企业自 2016 年起不约而同地决定关闭工厂，裁撤冗员，或开始撤离全部业务。大致一回忆，2016 年决定撤离巴西市场的就有新日铁住金、IHI、日挥、川崎重工、三菱重工、三菱商事等大名鼎鼎的大企业。

经济观、市场观决定企业效益

以史为鉴，可以知兴替，而一味地照搬国际组织及智库的经济预测，就有可能会在经济趋势巨变的关键节点错失良机。笔者认为，日本的企业经营者们应该培养自主的经济观、市场观，这在很大程度上决定了企业的效益。因此，不能轻信国际组织和智库的保守且千篇一律的“忽悠”。

总而言之，企业经营者应该全面汇集信息，培养广阔视野，自主理性思考。

图1-5 IMF预测的2013年巴西经济增长率

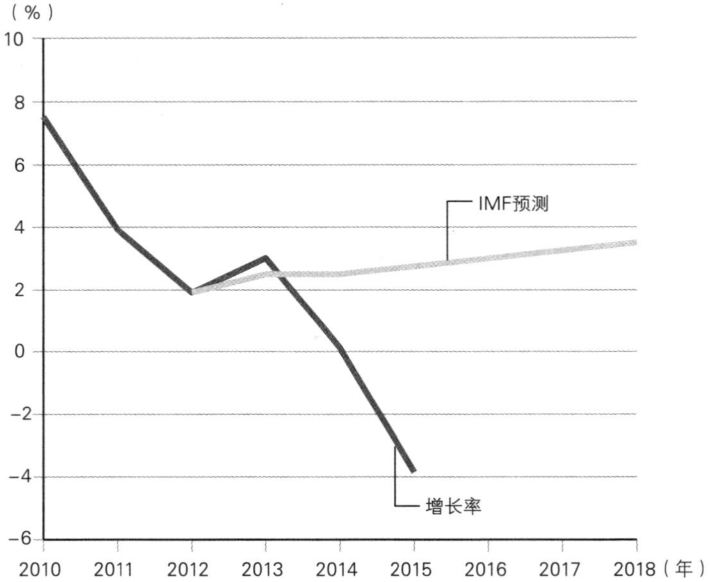

资料来源：IMF。

IMF 做出了长期预测，
但这只是理想状况。

处方笺③-2　研判信息，把握投资时机

人们普遍认为，与欧美企业相比，日本的企业有着更加坚实的经营基础，可现实绝非如此。若投资时机不对，经营风险倍增。

如前所述，企业经营者放弃自主的经济及市场预测，把决定业绩的重大问题甩给了专家们，十分令人担忧。不仅如此，他们也并不擅长投资，经常错过良好的投资时机。

无法回避的“墨菲定律”

与欧美企业相比，日本企业的重大缺陷就是延误投资时机。通常情况下，时间越晚，投资金额越高；此后经济与市场走向变化越大，资金回收愈发困难，经营风险亦水涨船高。

欧美企业当机立断，积极应对投资风险，争取高收益率，而日本企业为尽量规避风险，反复调查研讨，直到认为可行才出手，因此常常延误了大好时机。这就导致了投资风险偏高，陷入

“墨菲定律”的窘境：越想规避风险，风险反而更高。

令人哭笑不得的是，好不容易赶上了经济繁荣发展的班车，投资时却再三犹豫，反复调研，结果错过了最佳时机，引风险上身。本章中已经论及了类似案例，如在美国房地产泡沫最终阶段2005—2006年大笔投资的企业，或是在巴西经济转折期2013—2014年开拓市场的企业。

另外还有一些其他比较常见的情况，如在商品市场开始火爆的初期没有当机立断；面对良好商机却被海外企业抢得头筹；或是在商品价格已经居高不下时，一窝蜂地进行巨额投资，抬高了亏损风险。栽在铜价上的三菱商事与三井物产等就是一个血的教训。

优柔寡断乃企业致命之伤

随着经济全球化与信息技术的发展，经济与商业的循环周期缩短，速度加快，因此投资时机愈发关键。

由于经济全球化，几年前经济发展一帆风顺的国家到如今已愁云惨淡，苦不堪言。比如能源资源价格飞涨时的巴西、俄罗斯等新兴国家的经济一度呈现强劲的势头，而能源资源价格一暴跌，国内经济就急剧恶化。好日子不过数年，就遇上了经济风向的剧烈转变，形势急转直下，企业效益大幅恶化，人民生活水平下降。

几年前赚得盆满钵盈的商业模式如今也都偃旗息鼓了，最近比较典型的例子就是智能手机的问世，导致其他众多商业模式不断衰败。

随着智能手机的迅速普及，以前的手机、数码相机、随身听、家用游戏机、游戏软件、个人电脑等的销售越来越困难。新的商业模式因技术革命蓬勃发展，而现有的行业一转眼就步履维艰了。比如受智能手机的影响，佳能、尼康等数码相机的销量显著下降；任天堂、世嘉的家用游戏机和游戏软件也鲜有人问津，于是它们大胆改组产业结构，致力于开发面向智能手机的游戏。

激荡时代更要认清经济大趋势

历史的洪流势不可当，现在更加需要培养认清经济大趋势的能力。古往今来，技术革命引发的变革很难预测，信息技术、人工智能（AI）等会发展到什么程度，能给我们的生活带来怎样的便利，这都是未知数。

同时，与10年前、20年前相比，经济形势的变化格外迅速，不能再像以往那样期待20—25年的长期投资回报，而应理性分析投资目标国的经济状况，尽早实现投资回收。正因如此，必须培养认清经济大趋势的能力，尽可能降低投资失败的风险。

失败案例④ 为何全球跨国企业也会遭遇“滑铁卢”

虽然在经营投资方面并不逊于日本企业，欧美的跨国企业也无一例外地重复着相似的失败。

近年来，大型跨国石油公司也遭受了原油价格暴跌的巨大冲击。2015 年决算中，皇家荷兰壳牌公司集团（Royal Dutch Shell Group of Companies，以下简称“壳牌”）盈利 19.4 亿美元（前期达到 148.4 亿美元），利润下降了 87%，为 13 年来最低水平。2015 年年中，壳牌被迫暂停了高价接手的在阿拉斯加北极海域、加拿大、阿布扎比等地的开发项目，裁员 6500 人。

美国雪佛龙股份有限公司（Chevron Corporation，以下简称“雪佛龙”）的 2015 年决算和壳牌半斤八两，盈利 45.87 亿美元（前期达到 192.4 亿美元），利润下降了 76%，为过去 10 年最低水平。因原油价格低廉导致亏损，雪佛龙停止了加拿大北极海域的开发项目，2015 年裁员 7000 人，2016 年继续裁员 4000 人，两年来裁员 17%。

欧美大企业也无法预测经济前景

福无双至祸不单行，中国经济增速放缓引起资源价格下跌，大型跨国资源公司也叫苦不迭。在 2015 年决算中，英澳系的力拓集团（Rio Tinto Group，以下简称“力拓”）亏损达 8 亿美元（前期盈利 65 亿美元）。力拓在铁矿石价格高位向非洲等地投入了大量资金，如今承受着损耗损失不断增加的苦果。

因铁矿石、铂等资源价格下跌，损耗损失增加，效益恶化，英美资源集团（Anglo American）的 2015 年决算为 56 亿美元赤字（前期为 25 亿美元赤字），亏损额度超过 2 倍。为确保资金链，英美资源集团变卖资产，不断压缩大额投资引起的债务膨胀。

当然，开拓巴西市场的企业也不得不调整经营战略。比如英国大型金融公司汇丰控股（HSBC Holdings）及早出手应对巴西经济恶化，于 2014 年关闭巴西国内 21 家分店。大型铝材生产商美国铝业公司（Alcoa）于 2015 年关闭了在巴西的最后一家冶炼厂，沃尔玛也决定 2016 年关闭巴西国内 60 家店面。

这些欧美的大企业遭遇经营投资的“滑铁卢”并不奇怪，因为它们没有理性分析能源资源价格飞涨与美国原油产量急剧增加，没有提前预见中国经济增速放缓，没有提前做好准备就一窝蜂地展开竞争，抢占市场份额。

过于短视，误判供求关系

回顾历史，还有 GM、福特、克莱斯勒这“三巨头”也没有

图1-6　若不能预测经济前景，跨国企业也会蒙受损失

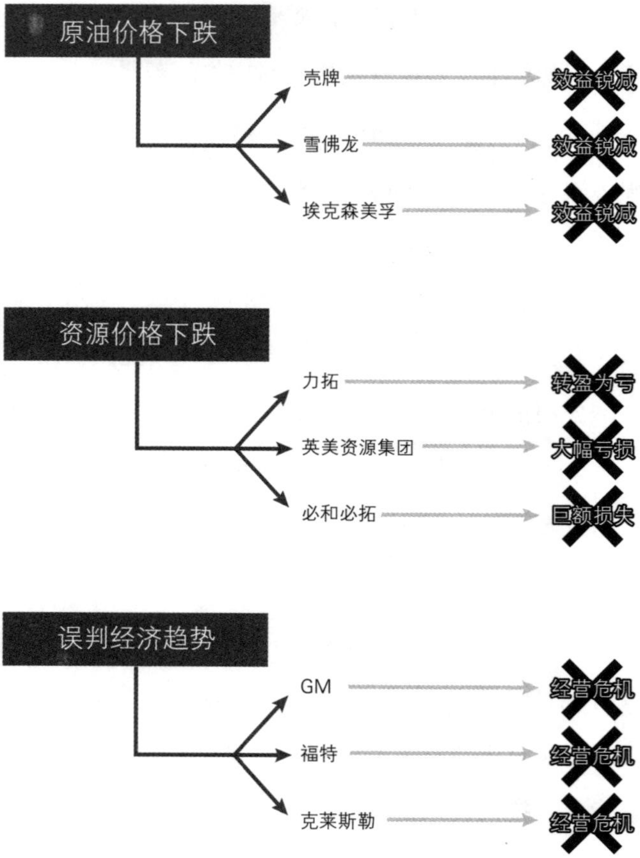

认清经济的大趋势，在美国房地产泡沫崩盘后陷入经营危机。

2008 年原油价格飞涨，而三巨头却不断生产高油耗的大型车辆，使消费者望而却步，销售量大幅下降。此后房地产泡沫破裂，金融危机到来，美国消费市场严重萎缩，汽车销量更是一落千丈。对于三巨头来说，虽然看上去是高油耗的弊端拖了后腿，但导致经营危机的根本原因还是没有预见经济的大趋势。

不管是大型石油公司、资源公司或美国汽车制造商，许多欧美企业的通病都是严重误判了顺应经济大趋势的供求关系，这种误判与经营战略的失败密切相关。尽管由于全球化竞争，企业需要追求短期业绩，但是更应该冷静地分析研判经济大趋势及供求关系。

回顾过去十年欧美企业的败绩，可以发现并非只有日本企业不擅长经营投资，不少欧美企业的经营者实际上也无法看清经济的大趋势，不能准确把握供求关系。

处方笺④ 失败不断却不吸取教训的原因

行文至此，笔者不厌其烦地指出，企业及其经营者们失败的最大原因就是没有认清经济的大趋势，进一步来说，没有正确预测未来的供求关系。

那么为什么无法认清经济大趋势呢？主要是受以下 3 个问题的困扰。

从众心理

首先，大多数企业和普通民众都有希望自己的判断与公众舆论或多数人一致的坏毛病。和大家观点一致，就会减少内心的不安。与此相反，若自己的见解、判断与大家不一致，就会产生精神负担，这也是人性的弱点。这种心理就是行为金融学中所说的“从众心理”。

不管是过去、现在、将来，在企业的经营、投资过程中，从众心理的阴霾都如影随形。选择相同的方向、相同的时机进行投资，就能给企业及其经营者带来安全感。这助长了“凑成一堆儿闯红灯”的坏毛病，往往带来经营上的惨败及意想不到的损失。

经营者短视

其次，经营者过度看重企业之间国际竞争的优先权，轻视甚至无视经济状况的理性分析，不顾市场走向，紧追对手步伐，力争超越，一门心思赢得眼前的竞争。不考虑市场的变化就制定经营战略、做出投资决定，当然容易走向失败。

虽说理想很丰满，许多日本企业在国际竞争中依然落后于欧美企业，在除东南亚以外的地区，日企被世界上的其他竞争对手远远甩在身后。究其原因，在日本相同行业之间竞争激烈，在展开国际竞争之前就已经因竞争而损耗了大量精力，丧失了大好时机。那么一旦经济走向急剧变化，错失良机的日本企业很有可能比欧美企业遭受更大的损失。

以外部环境因素为由推卸责任

最后，若经济形势恶化导致业绩恶化，日美欧的企业经营者一般都不会被问责。据笔者所知，没有一个日本的大型企业的经营者因外部环境的恶化而被“炒鱿鱼”，这种情况在欧美也是相同的（但是在欧美，也存在经营者因业绩比其他公司差而被股东施压解雇的情况）。

特别是日本人性格上的问题，他们不喜欢认定经营失败的责任人并在组织内部进行批评，不愿意自己出面得罪人，都尽量采取稳妥的方式。

更糟糕的是，国际组织和智库的预测在以上三个问题的基础上火上浇油，所以说完全依赖它们的做法行不通：关于第一点，IMF 等的分析预测进一步巩固了企业的“从众心理”；关于第二点，有了专家们的预测，企业放弃了自主理性分析经济趋势的机会；关于第三点，“连 IMF 都看走眼了，经营失败也是没办法的”的思想在企业中弥漫。

处方笺⑤ 掌握经济趋势的预测力乃第一要务

若能预测经济大趋势，企业就不会因美国房地产泡沫崩盘、能源资源价格暴跌而蒙受巨额损失。许多经营者及商业领袖过于轻视经济形势转折期产生的损失，而这些损失会缩小未来的经营投资的选择范围。

假设丰田汽车能够预见美国房地产泡沫破裂，就可以在世界经济最低谷的2008—2009年积极地进行战略性投资，时至今日也许能以绝对优势成为世界第一汽车制造商睥睨天下了吧。对于经营者和商业领袖来说，现在更需要学会自主地分析、预测经济，亡羊补牢，为时未晚。

经营团队中应有具备经济预测力的人才

如前所述，大型企业的经营者中，不乏有人常常感到困惑："现在的经营投资没有什么可选择的范围了吧？"这种情况基本都是因为没有看清经济的大趋势。

准确来讲，企业经营者自身并非一定要成为经济预测的专家，只要经营团队中有具备经济预测力的人才，并且听取他的建议，就能够正确判断形势，裨补缺漏。

但是有一个普遍倾向，实际上在企业的经营团队中，没有人既能准确分析经济前景又能成为经营者的心腹。所以世界上的大型企业才会不断做出错误的选择，不断蒙受巨大损失。尤其是日本企业在经营判断、投资时机方面比不上欧美企业，在全球经济萧条时更容易遭遇巨大挫折。

此外，笔者所谓的经济分析和预测的专家并不是指供职于国际组织、各类智库的经济学家以及在象牙塔里传道授业的经济学教授，因为他们大都有“从众心理”，在判断上会受到公众观点的左右，难以正确预测经济的大趋势。真正的经济专家，不仅应该恪守经济学的视角，更需要具备从各种不同的角度分析经济的能力。

三大视角纵览经济全局

笔者并非原油、铁矿石等能源资源领域的专家，但是笔者在 2013 年预测到了能源资源价格的暴跌，而大多数所谓的“专家”对此却毫无头绪，一脸茫然。这是因为笔者综合了 3 个要点，以更广阔的视角纵览经济全局，本书第四章将详细论述。

预测经济的三大视角

思考事物本质

借鉴历史教训

利用自然科学的思想

准确把握世界经济的大趋势，并因势利导、灵活应对，是企业经营者和商业领袖应该具备的素质。近年来，全球化竞争日益白热化，越来越多的企业争相开拓新兴国家和发展中国家的市场，此时也不能忽视对投资目标国的经济分析与市场预测，否则大笔的银子就会打水漂。企业经营者们若能做到这一点，投资经营失败的悲剧就会大大减少。即使开局下错了几步棋，只要对经济趋势的判断尽早回归正轨，也能把损失降低到最小范围内。

为了大家的投资经营蒸蒸日上，笔者希望读者朋友们常常想到本书提倡的“三大视角”，养成独立自主思考经济走向的好习惯。只有这样才能避免不必要的失误，投资经营的选择范围就会更大，就能获得超越竞争对手的绝好机会。

第二章

不要信任缺乏经济预测力的智库

1 为何经营者的经济与市场预测如此不靠谱

每年1月1日，日本经济新闻都会在晨报上用两个通版刊登日本代表性大企业的知名企业家们的“经济与市场预测”。

2016年1月1日，日本经济新闻以《经营者预测的2016年》为题，介绍了大型企业经营者们关于日本经济增长率、日元汇率、股价等方面的看法。

主要企业的20位经营者对于2016年度（2016年4月—2017年3月）国内生产总值（GDP）增长率的预估平均为1.5%。其中2人认为是1.7%，2人预计1.6%，12人预测1.5%，1人是1.25%，2人是1.2%，1人是1.0%，并且他们发表的大多是一些冠冕堂皇的套话。2016年6月笔者就曾预测，虽然政府很可能实施大规模的经济刺激政策，2016年度的经济增长率大概在1.0%，甚至不到1.0%。

日元汇率与股价的预测全部落空

可惜，还不到半年，这20位经营者关于日元汇率与股价的预测便无一例外全部落空。

关于日元汇率，2016 年 6 月底的预测平均值为 123 日元（译者注：即 1 美元≈123 日元），12 月底为 123.60 日元，预计继 2015 年之后继续平缓保持日元低、美元高的局面。具体来说，20 人中 16 人认为 6 月底的日元价格为 120 日元左右，3 人认为即便升值也有 115 日元，1 人预计是 110 日元。12 月底的情况大致相同。

但是实际上日元汇率是如何变化的呢？2016 年 1 月就早早地突破了 120 日元，2—3 月升到了 111—113 日元左右，4—5 月突破 110 日元，尤其是 6 月一时间升到 100 日元，6 月底维持在 102 日元左右。也就是说，这 20 人的预测没有一个靠谱的，12 月底恐怕也是同样的情况吧。

关于日经平均股价的预测，他们认为 2016 年最高价为平均 2.23 万日元，最低价为平均 1.8 万日元，在日元贬值的背景下，企业的业绩会继续保持良好的增长态势。值得注意的是，大家都扎堆在某一价格上，20 人中 9 人预计最高价为 2.2 万日元，15 人预计最低价为 1.8 万日元。

而实际的股价众所周知，自 2016 年年初开始暴跌，1 月中旬跌破 1.7 万日元，到了 2 月一度跌破 1.5 万日元。因为有 2 人预测股价最低为 1.7 万日元，所以从年初开始仅仅过去一周时间，20 人中有 18 人都判断失误，而再过两周，全军覆没。

大企业的经营者们对于经济增长率、日元汇率、股价等的预估值倾向于集中在非常小的范围内，这是因为他们过度看重国际

图2-1　大企业经营者们对日元汇率的预测

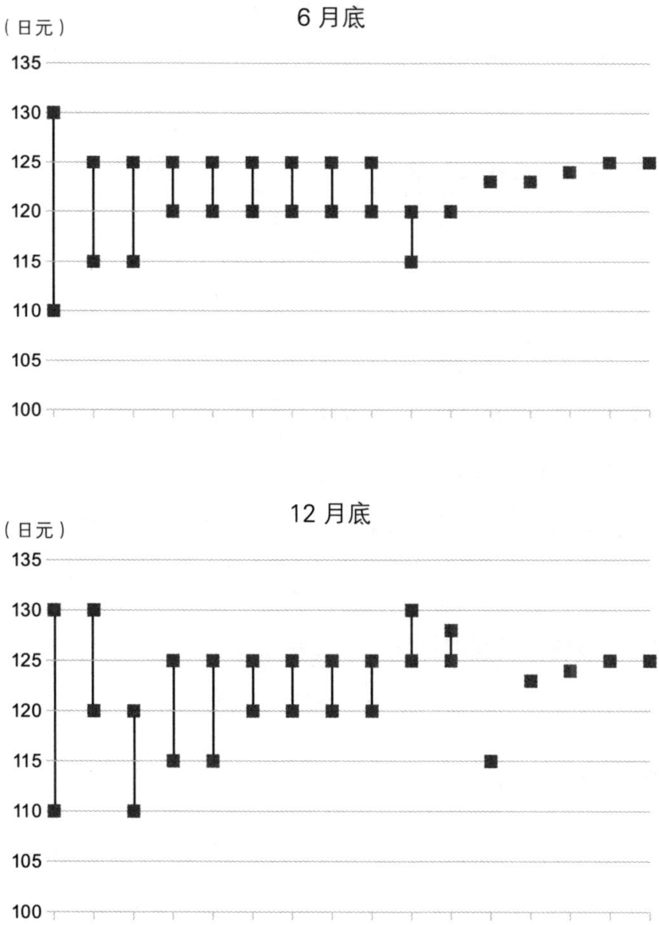

组织或智库对经济、市场趋势的预测及认可，抛弃了独立自主的思考。

回顾过去 10 年日本经济新闻的“经济与市场预测”，若经济、市场没有大的波动，很多时候还是准确的，而一旦市场动向剧烈变化，预测全部落空，带来严重的后果。2016 年日元汇率及股价的预测惨不忍睹，雷曼兄弟破产的 2008 年也好不到哪里去。

必须自主判断市场前景

企业经营者们判断失误的主要原因是没有认清经济、市场的大趋势，并且他们身上完全没有努力扭转局面、打破现状的豪情壮志，因为“经济趋势、汇率市场、股价变化等不可预测”的思维定式在他们心中根深蒂固。

他们依赖于国际组织、智库的不靠谱的预测，而 2016 年市场形势一旦风云变幻，纸上谈兵的那些判断就原形毕露了。经营者在预判经济与市场趋势时不能放弃自主思考。诚然，预测股价确实非常困难，但与之相比，预测经济趋势和日元汇率就相对容易一些。

图2-2　大企业经营者们对日经平均股价的预测

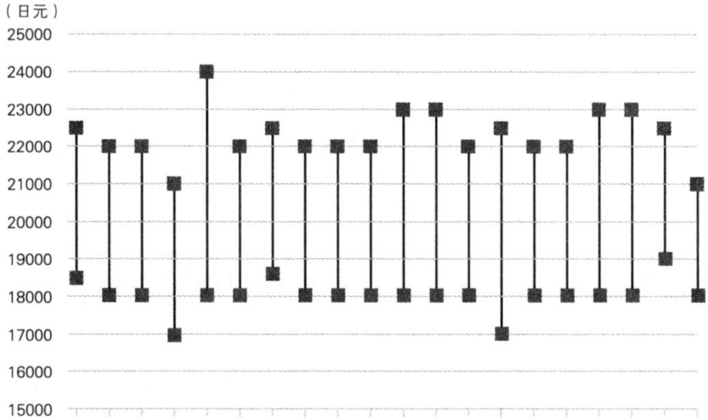

20 位经营者，
一周后九成预测失误，
两周后全军覆没！

2 为何国际组织的经济预测不准确

笔者在给大型企业的管理层等做演讲的时候常常和他们互动，他们都异口同声地表示“无法预测原油价格的下跌”“完全没料到日元会升这么高”。毋庸置疑，这还是因为他们只依赖国际组织或智库提供的有限的信息，而不去和能够提供有用的信息与思路的人沟通交流。

第一章中也讲到，对经济趋势的预测关系企业经营的根基，依赖国际组织和智库不是长久之计。

那么为什么国际组织的经济预测不准确呢？围绕这个问题，且听笔者详细分解。

国际组织不断修正、调整预估值

IMF、OECD 以及世界银行等国际组织不断进行向上调整或向下调整，修正与经济相关的预估值。当世界经济繁荣时，它们随时间的推移向上调整；当经济运行低迷、不景气时，它们向下调整。

实际上，近年来国际组织的经济预估值都是一而再再而三地向下调整。比如 IMF 对 2016 年世界经济增长率的预测，2015 年 7 月为 3.8%；2016 年 1 月为 3.4%，4 月降至 3.2%，7 月再次向下调整至 3.1%。

即便在美国房地产泡沫即将崩盘之际，IMF 依然没有意识到泡沫的存在，不仅仅在 2007 年 4 月预计 2008 年世界经济增长率为 4.9%，甚至在 2007 年 7 月，泡沫破裂在即，IMF 依然宣称世界经济将持续向好，增长率将上升至 5.2%。

而没过多久，巴黎银行宣布暂停旗下三只涉足美国房贷业务的基金交易，欧洲股市重挫，次级贷款问题日益严重。于是 2007 年 10 月的预测完全改头换面，将世界经济增长率下调至 4.8%，2008 年 1 月继续大幅下调至 4.1%。此后如同大家所见，贝尔斯登、雷曼兄弟破产，IMF 根据此时的状况不断大幅下调增长率。

除美国、欧洲、日本的经济增长率以外，国际组织在 2007 年上半年也未能事先预想到汇率、股价、原油价格的走向与变化，做出了完全错误的判断。

国际组织的预测好似刻舟求剑

从 IMF 的例子可以看出，国际组织对经济与市场的预测通常都是只关注眼前情况的刻舟求剑的行为，也就是说完全依据现状预测未来，根本无法提前察觉大趋势的拐点。对于国际组织来说，预测失误也没有什么经济损失，但是对于将其奉为圭臬的企

图 2–3　IMF 刻舟求剑调整预估值

2016 年世界经济增长率预测

2015 年 7 月	→	2016 年 1 月	→	4 月	→	7 月
3.8%		3.4%		3.2%		3.1%

2008 年世界经济增长率预测

8 月，巴黎银行事件（7 月至 10 月之间）

2007 年 4 月	→	7 月	→	10 月	→	2008 年 1 月
4.9%		5.2%		4.8%		4.1%

发生巨大变化之后
才调整预估值，
所以说预测不靠谱。

业来说，忽略了拐点就有可能遭受致命打击。

此外，国际组织的预测的另一个缺点就是极其简单的线性预测。经济也是有生命的，在物理学上属于非线性运动，因此对它的预测也必须“曲线救国”。考虑到经济全球化的快速性、传播性以及企业的产能提高等因素，如果不能进行曲线状的预测，得出的结论是不可靠的。

具体说来，线性预测可以用公式表达为一次函数 $y = 100 + ax$（或 $y = 1 + ax$），它的最大缺点是按比例计算数字（如 2.0%、2.2%、2.4%）。笔者认为在全球经济联系如此紧密的今天，用指数函数的计算方式 $y = 100 + ax^2$（或 $y = 1 + ax^2$）预测未来更加妥当，这样就可以注意到大趋势的转折点，避免刻舟求剑。

日银的预测也不例外

由于黑田东彦行长公开表示他相信 IMF 的经济预测，我们就能判断日银（日本的中央银行）的金融政策、经济预测等也不靠谱。

2015 年 10 月黑田行长赴秘鲁参加 G20 财长和央行行长会议，在会后的新闻发布会上他表示“主要剧情会按照 IMF 的预测发展”，会依据 IMF 的预测制定金融政策。因此，对于 2015 年之后物价指数并不高的情况，黑田行长辩称“原油价格的下跌出乎我们的意料”。

在笔者看来，日银行长的这番话恰恰承认了“完全依赖 IMF

图 2–4　直线与曲线的差别

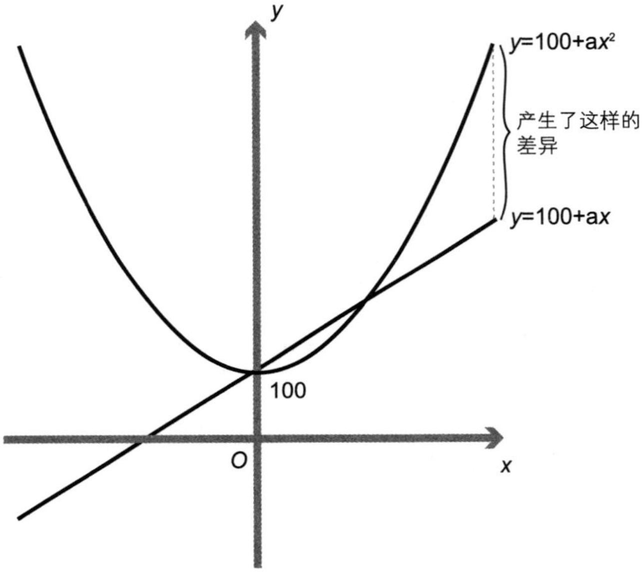

简单的线性公式
无法预测世界的
巨大变化。

对经济及市场的预测，没有自主地思考”的事实。在经济与市场趋势剧烈转变之时，IMF 的预测全部落空，而它却左右着日本的金融政策的方向，这对于日本的未来来说非常可怕。

以 IMF 为首的国际组织的经济与市场预测并不一定靠谱，不能与时俱进地洞察大趋势。因此，世界上的企业在决定经营战略时，各国央行在制订金融政策时，完全没有必要对国际组织的预测亦步亦趋。

3 为何智库、证券公司的预测也会失算

在日本，野村证券、大和证券、三菱 UFJ 证券以及瑞穗证券等证券公司聘用了许多经济学家，对经济与市场预测拥有雄厚的实力。作为智库，券商系有野村综研、大和综研等，银行系有三菱 UFJ 研究咨询、日本综合研究所、瑞穗综合研究所等，保险系有第一生命经济研究所、日本生命基础研究所等，财阀系有三菱综研等。

这些券商与智库的经济与市场预测也常常失算，因为它们与国际组织落入了同样的窠臼，过于保守，刻舟求剑，无法认识到大趋势的拐点，就连一些相对简单的预测也会出错。

预测保守，千篇一律

近年来比较典型的例子就是关于 2014 年 GDP 增长率的预测。2014 年 8 月，野村证券、大和证券、SMBC 日兴证券这三家大型券商公布了 2014 年 7—9 月的 GDP 增长率的预估值（换算为年

率），其中野村证券预测为 5.9%，大和证券预测为 4.6%，SMBC 日兴证券预测为 4.0%，众口一词，且非常保守。

但是实际情况是什么样呢？-1.9%（速报值）！这误差也忒大了吧?！而与负增长相比，更令人大跌眼镜的是包括以上三大券商在内的大型智库的预估值基本都在 3.0%以上（平均在 4.0%以上）。彼时，“出乎意料的 GDP 打击”见诸各大媒体的报端，舆论一片哗然，议论纷纷。

证券公司与智库也上演了一出全军覆没的闹剧，归根结底还是因为它们根据以往的 GDP 增长率进行线性预测。此前的 2013 年 7—9 月的 GDP 增长率为 1.1%，10—12 月小幅下降了 0.7%，而 2014 年 1—3 月得益于消费税增税前的抢购热潮，大幅攀升了 6.7%。但是接下来的 4—6 月出现了报复性下跌，增长率下降了 6.8%，这是所有证券公司、智库都没有预料到的降幅。

常言道：“山愈高，谷愈深；谷愈深，山愈高。”所有的券商、智库都认为，经历了 2014 年 4—6 月的出乎意料的大幅回落，蜂拥抢购之后的报复性下跌会于 7—9 月间完全见底，消费动能将得到强有力的恢复。加之当时美国经济持续繁荣，更加有利于扩大出口，进一步促使券商、智库做出高增长率的预测。它们认为消费税增税后的下跌仅仅是个不和谐的音符，经济还是会回到此前的正轨上去。

笔者在东洋经济在线的连载文章《未来预想图》以及博客《读懂经济》中曾指出，三家大型券商预估的 GDP 增长率过高，令人难以理解，并且分析了因日元贬值、通货膨胀，实际工资下

表 2–1　大型智库的 GDP 增长率预测

公司名称	2014年7—9月增长率预测
野村证券	5.9%
大和证券	4.6%
SMBC 日兴证券	4.0%
大和综研	7.4%
日本综研	3.5%
日本生命基础研究所	2.8%
第一生命经济研究所	3.3%
日本经济研究中心	3.5%
花旗银行	2.8%
BNP 巴黎银行	3.2%
三菱 UFJ 摩根士丹利证券	7.9%

资料来源：2014 年 7—8 月各大报刊的报道。

证券公司与智库的预测
都是豪言壮语，但由于实际
工资下降与消费市场低迷，
实际的增长率为负值。

降了多少，对消费产生了怎样的影响，结合其严重性，预测了7—9 月的增长率大概为 0（-1%—1%）。只要不被一成不变、刻舟求剑的做法所束缚，对经济的预测就能够超越所有的券商、智库，更加贴近实际情况。

必须切实验证预测结果

为了避免被国际组织及智库等诱导，各大企业需要切实验证其预测的实际结果。遗憾的是，国际组织、智库中的经济学家们有的借口“预测应验与否并不重要，重要的是以什么为坐标进行预测”，有的辩称“预测有局限，听者须理解”。

只要没有人严谨验证预测结果，国际组织和智库依然会安于现状。企业的经营者、商业领袖们应该明确验证哪些预测是对的，哪些是不对的，那么一定会得出令人惊讶的结论，这或许会完全否定了国际组织和智库存在的意义。

4 外汇市场大趋势的预测方法

自2015年年终至2016年年初，国内所有智库都预测2016年度“日元将持续贬值”。在各大财经媒体上，包括经济学家、机构投资人在内的绝大多数市场参与者也都鼓吹日本和美国的利率差的逐步扩大会促使“日元持续贬值”。

比如大和综研于2015年12月在“日本经济预测”中预估2016年度的美元对日元汇率为125日元（平均值），与此同时三菱UFJ研究咨询预计是122.20日元（平均值），日本综研预测是123—124日元（平均值）。

现实中笔者曾出席过一次银行主办的经济讲座，亲耳聆听了某著名外资系券商的经济学家的讲话，他胸有成竹地表示“由于美国利率上升，2016年的日元汇率将剑指130日元”。

仅凭利率差无法预测汇率

但是当时笔者认为，要想预测日元汇率，需要考虑到各种影响因素，放眼全局，综合判断。仅凭日本和美国的利率差的扩大就推断日元将继续贬值的做法无异于管中窥豹、坐井观天，没有汲取历史的教训。

笔者在拙作《这就是中原圭介经济学（2016 年版）》(东洋经济新报社，2015 年 10 月)、东洋经济在线以及博客上展望了 2016 年的日元汇率市场，指出随着美国的利率提高，日元贬值的趋势将逐渐终结。具体来说，笔者预测在美国开始加息的前后一个月内，日元汇率将会暴涨，给贬值的趋势亮起红灯。

之所以这样考虑，是因为 2012 年 9 月美国开始 QE3，即第三轮量化宽松时（注：一种货币政策，主要是指中央银行在实行零利率或近似零利率政策后，通过购买国债等中长期债券，增加基础货币供给，向市场注入大量流动性资金的干预方式，以鼓励开支和借贷，也被简化地形容为间接增印钞票。量化指的是扩大一定数量的货币发行，宽松即减少银行的资金压力。当银行和金融机构的有价证券被央行收购时，新发行的钱币便被成功地投入到私有银行体系。量化宽松政策所涉及的政府债券，不仅金额庞大，而且周期也较长。一般来说，只有在利率等常规工具不再有效的情况下，货币当局才会采取这种极端做法)，汇率为 1 美元兑 77 日元左右，日元价格创下历史新高，此后境外投机者停止买入日元，日元升值走到尽头。而笔者 2015 年年终预测的日元贬值趋势的终结可以看作其相反的版本，也就是说 2015 年 12 月—2016 年 1 月的某个阶段，境外投机者停止卖出日元，这将引起日元价格的报复性上涨。

长期趋势须参考购买力平价理论

笔者上述预测的另一个依据是“购买力平价理论”。通过对日元汇率趋势的长期观察，笔者认为该理论是一个非常重要的判断标准。从短期、中期看来，左右日元对美元走势的是日本和美国的经常性收支及利率差等，而决定其长期趋势的，归根结底还是购买力平价。

购买力平价即平常所说的购买力水平，反映了一个国家的货币能够购买多少商品和服务，以此为标准可以预测汇率市场的走势。虽然对于短期、中期行情不适用，但对预测长期行情来说是一把利器。

在合理判断日元对美元走势方面，最有效的方法是比较日美两国之间的企业物价的动向，计算货币的相对价格。之所以不比较消费品价格，是因为消费品价格本身含有大量的与对外竞争力无直接关系的非贸易财富。而购买力平价是根据包含大量贸易财富的企业物价计算出来的，是更为可靠的指标。

美国 2015 年 12 月的企业物价指数比 2000 年 12 月上涨了 16.4%，这期间美元的购买力也下降了 16.4%。另一方面，日本 2015 年 12 月的企业物价指数下降了 0.6%左右，而日元的购买力上涨了 0.6%。综合两国的企业物价指数来看，长期的美元对日元的价值大约下跌了 17%（16.4%+0.6%）。

购买力平价长期保持美元贬值日元升值的行情，表明了美国的物价上涨率高于日本的状态一直延续，美元对日元的价格持续

图2–5　购买力平价与日元汇率

注：数据为月平均值，不体现每日的最高值、最低值。

资料来源：国际货币研究所。

从购买力平价来看日元依然是贬值的状态，那么很可能有进一步升值的空间。

下跌。实际上，十几年来美元日元汇率市场虽然跌宕起伏，但长期来说终究都会回归购买力平价的走势。根据购买力平价，通货膨胀的国家货币贬值，通货紧缩的国家货币升值，这是毫无疑问的。

2015 年 12 月美国加息之前，美元对日元的汇率是 1 美元≈121 日元，同年 6 月是 1 美元≈124 日元，与当时的购买力平价相比，向日元贬值的方向分别偏离了 22%和 25%。十几年来，日元对美元的汇率市场围绕购买力平价上下波动，随着 2000 年以后经济全球化突飞猛进，日元升值两次创下偏离购买力平价的最高点，2000 年 1 月均价为 1 美元≈105 日元，2011 年 8 月均价为 1 美元≈77 日元，分别偏离了 24%和 23%。这样看来，可以说 1 美元兑 121 或 124 日元明显处于日元过度贬值的水平。

因此我们可以判断，2016—2017 年日元对美元的汇率将会回归现在的购买力平价状态即 97.85 日元，或在 95—100 日元范围内，这是大势所趋。

通过经常性收支的变化预测汇率

经常性收支适用于预测短期及中期汇率，2014 年至 2015 年，经常性收支发生了巨大变化。美国的经常性收支因原油进口的减少而逐渐好转，而日本的经常性收支于 2014 年触底，2015 年出现了戏剧性的反弹。

2014 年上半年（1—6 月），日本的经常性收支为 0.5 兆日元赤字，而下半年（7—12 月）为 3.1 兆日元盈余，2015 年上半年为 8.1 兆日元盈余，下半年为 8.3 兆日元盈余，盈利额大幅增加。因此不仅是购买力平价，从经常性收支的变化来看，当时 1 美元≈120 日元的低价也是不合理的。

当时，日美两国的金融政策的方向完全相反，利率差不断扩大，受此汇率预测的短中期因素的影响，美元日元的汇率市场妖风四起，而其罪魁祸首就是通过倒卖日元牟取暴利的境外投机者，2011 年 75 日元的过度升值与 2015 年 124 日元的过度贬值主要都是他们的“杰作”。

因此笔者认为，以美国加息为节点，境外投机者将会停止过度做空日元，转向做多，其后果就是已经扭曲的汇率市场在恢复正常的过程中，必然会“日元贬值结束，开始升值趋势”。

以史为鉴，把握汇率市场走向

为了确保预测的准确性，还有必要参考汇率市场的历史。美国曾于 1999 年和 2004 年两次加息，在此之后两国的利息差加大，但是日元并没有贬值，反而升值。历史告诉我们，从短期来看美元加息后日元会贬值，但是从中长期来看会大幅升值。

事实上，美国加息经过一定的时间之后，美元反而会走弱。2015 年 12 月加息后，美联储在一年内都谨慎地向市场发出公告，因此市场对于利率差扩大的反应自然大打折扣。

那么，2016 年以后日元升值的趋势会在什么时间、以什么样的价格水平画上句号呢?

笔者不是神仙，算不准日元升值的结束时间，但是在一定程度上可以预测结束时的价格水平。根据购买力平价与日元美元汇率的相关关系，2016—2018 年的 3 年时间内，与现在的购买力平价 97.85 日元相比，至少会向日元升值的方向偏离大概 10%，笔者估计大概 88 日元是一个标杆。

5 把握汇率是经营者的基本功

大型企业的董事长、总经理经常抱怨“日元汇率的走势根本无法预测”“怎么可能知道原油价格如何变动”。正是这种思想作祟，经营投资才会失败。

笔者希望今后企业经营者除了经济趋势之外，还应该尽量学会预测日元汇率市场，这对经营战略、投资决定等至关重要。尤其是出口企业的业绩在很大程度上受汇率走势的影响，一旦出现误判，很可能被迫大幅下调业绩。

误判汇率走势将遭受重创

2016 年以来日元大幅升值，给依赖出口的企业的业绩蒙上了浓重的阴影。现在，日本的汽车制造商相继大幅下调了 2016 年度（2016 年 4 月—2017 年 3 月）的预估业绩。

具有代表性的丰田汽车 2016 年度营业额为 1.7 兆日元，比上一年度下降了 40%（上一年度为 2.8539 兆日元），纯利润为 1.5

兆日元，比上一年度下降了 35%（上一年度为 2.3126 兆日元）。汽车的销售量虽然会增加，但由于日元汇率剧烈变动，预期的收益化为泡影。

效益下滑的主要原因是日元对美元、欧元等主要货币不断升值。作为 2016 年度预期效益的根据，预估汇率不得不设定为 1 美元≈105 日元、1 欧元≈120 日元（上一年度的实际汇率为 1 美元≈120 日元、1 欧元≈133 日元），大幅升值，仅因汇率变动就造成营业收入减少了 9350 亿日元（占损失总额的八成）。

直到进入 2016 年，日元升值趋势明朗之后，大型企业中一向先人一步的丰田汽车的领导层才命令在公司内部重新修改预期业绩，对于汇率变动的反应太过迟缓。如果能预想到日元汇率的风向转变，也许就不用手忙脚乱地修正预期业绩、经营方针与经营资源，也会收获更好的效果。

若不自主预测，则会错失良机

大型企业无法预测日元汇率的拐点同样是因为囫囵吞枣地照搬国际组织、智库以及金融机构的预测。结果不仅是被迫下调预期业绩，而且应对日元升值的行动严重滞后。

比如都到了 2016 年 3 月，绝大多数大型企业依然没有及时把赚到的美元、欧元等换成日元，之所以这么倒霉，就是因为它们相信了金融机构、智库的“2016 年日元将会继续贬值”的预测。如果这些企业当时先下手为强，卖出外汇买进日元，也许就能从汇率差中获得更多的利益。

更严重的是，进入 2016 年，日元开始升值，但即便在 1 月、2 月，多家金融机构、智库都表示“日元升值只是一时的，不久就会贬值”，而许多企业对这一预测深信不疑，导致应对措施严重迟缓。终于过了 3 月，金融机构、智库才恍然大悟日元升值确实已经开始了，企业已经错失良机，只好不断买入日元。对于企业来说，判断滞后了 3 个月，相对应的收益也打了水漂。

预测汇率比预测股价简单

根据笔者的经验，预测经济趋势比预测市场动向要准确得多。前者基本不会出错，导致出错的因素也比后者少得多。

市场预测非常困难，一语中的的情况是凤毛麟角。进一步细说，与股票市场相比，汇率市场、原油市场等的走向还是有可能事先看出端倪的。因为二者更加接近经济的大趋势，不难判断大概的供求平衡关系。只要认真审视全球行情，就能够客观分析供给与需求的水平。

境外的投机者买空卖空，把日元汇率和原油价格搅和得鸡飞狗跳，但如果能够了解他们的思维方式，就很容易预测市场的动向。因此完全没有必要将境外投机者视为洪水猛兽，我们有能力判断市场的转折点及其后的走向。

图2-6 预测的难易度

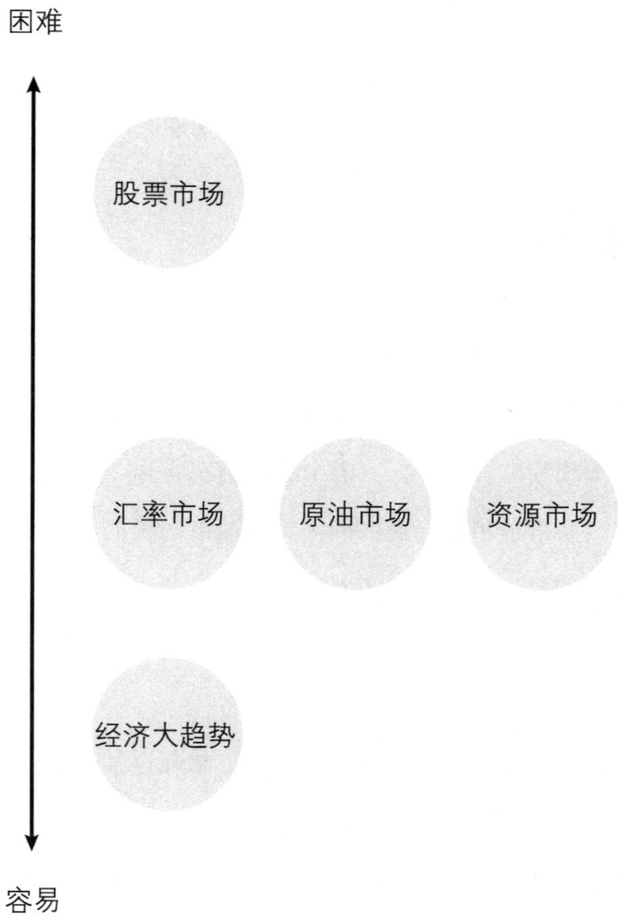

6　如何避免照搬金融机构的预测

上一节介绍了照搬金融机构的预测的失败案例，下面笔者结合自身经验，说明如何避开陷阱。

趁着日元贬值投资美元

笔者 2012 年 12 月开始集中投资美元。阅读过拙作的读者朋友可能知道，笔者当时就思考“随着美国开始第三轮量化宽松（QE3），历史性的日元高位走势可能结束”。

在这种状况下，作为 2012 年 12 月众议院选举时向民众的许诺，自民党、日本维新会、大家党等主要政党要求日银大规模放松银根，这让笔者感到 2013 年日元很可能戏剧性地转向贬值，于是当机立断，大胆买入美元。

众议院选举后，安倍政权上台，2013 年 4 月日银大规模“放水”，日元果然开始贬值。但当时笔者并未考虑目标价位，在希望尽量长时间地享受这一波行情的同时，只是从逻辑上理性思考

“市场趋势的拐点何时会到来”。

此后，2014 年 10 月日银继续推进宽松政策，笔者在密切关注汇率市场变化的同时，判断美国加息可能会成为日元贬值趋势转向的时间节点。作出这种判断的理由在上文已经说明，不再赘述，笔者在 2015 年 12 月美国联邦公开市场委员会（FOMC，隶属于联邦储备系统，主要任务是决定美国货币政策，透过货币政策的调控，使经济增长及物价稳定两者达到平衡）召开会议前以 123 日元的价位将美元全部抛售。

不要听信金融机构不负责任的建议

可是在那之前，某外资系银行至少发布过三次危言耸听的公告。没记错的话，在汇率即将达到 100 日元以及达到 110 日元时，他们表示“我行预测今后日元会升值”，劝笔者卖出美元。而在 2015 年 12 月笔者抛售美元之际，他们两次向笔者确认“我行预测今后日元仍会持续贬值，您真的要卖出吗？”

由此看来，如果不能冷静分析日元汇率的大趋势，并据此制定明确的战略，大多数投资者很可能盲从金融机构的建议。

也许有人会说，金融机构的某些预测比自己的判断更准确，而且即便是金融机构，也有可能恰好三次都看走了眼。话虽如此，笔者认为他们的预测大都是缺乏逻辑的无本之木，而且表达模棱两可，难以理解。

世事变迁，沧海桑田，我们需要探求事物的本质，以史为鉴，尝试预测不断变化的经济及市场，不怕失误，百折不挠，从失误中汲取经验教训，在日常生活中注意验证信息的有效性，取其精华，去其糟粕。

只要有最基本的数据就能作出预测

如前所述，金融机构、智库的预测大多都是刻舟求剑，常常被现实状况“打脸”，幸存下来的个人投资者更应该提高警惕，避免陷入教条。

回顾过去 20 年，面对全球 IT 产业危机、美国房地产泡沫、全球金融危机、欧洲债务危机、资源泡沫破裂以及 2016 年的日元升值，金融机构、智库没有一次准确预测，还不反省自己的失误，反而寻找借口企图蒙混过关。

笔者不像金融机构、智库那样对所有的资料来者不拒，因为只要获得最基本的数据，经济预测就不是难事，甚至在市场预测方面也取得了一定的实际收益，而这都来自对预测结果的反复检验和自己的深思熟虑。

7 经营者急需什么样的经济预测

大多数经营者相信经济趋势、汇率走向等不可预测，那为什么他们心知肚明国际组织、智库的预测不靠谱，却又不得不唯他们马首是瞻呢？

答案很简单，因为只要根据国际组织、智库的预测按图索骥，即使经济与市场环境剧变，经营投资失败，他们也不会被追究责任。“IMF 的预测是错误的，所以经营才会失败”，“太相信智库的预测了，所以投资才会亏损”，像这样只要把责任推卸出去，就可以万事大吉。

遗憾的是，这种不负责任的企业特征不断蔓延滋长，虽说是全世界的企业的通病，但日本企业的病情尤其严重，正如第一章中曾提到的，他们会极力避免在同一组织内部批评他人。

日银行长把责任推卸给 IMF

上文提到，之所以不能信任日银的金融政策和经济预测，是因为黑田行长根据 IMF 的预测制定金融政策。迄今为止，他屡次辩解 2015 年以后的政策失误是“意料之外”，归咎于实际的经济环境（原油市场等）与 IMF 的预测不符。这明显是在推卸责任。

如果把日银当作一个企业而不是中央银行来看待，那么黑田行长就是经营不善并且不负责任的总经理。类似的案例多如牛毛，不再赘述。

推卸责任导致屡战屡败

万事皆有因果。如果预测结果错误，则须探究其原因，汲取经验教训，避免重蹈覆辙。屡战屡败不可怕，屡败屡战才能提高预测的精度。

但是，国际组织、智库至今仍是不撞南墙不回头，历史一次次重演，预测接连失误。

现在，企业的经营者在作出重大投资决定时，既不能把经济环境的预测全盘托付于外界的专家，也不能把责任都推卸到他们身上，而应该养成自主思考的习惯，屡败屡战，砥砺前行。

预测时应思考什么

对于经营者急需什么样的经济预测这个问题，笔者认为，需要预测并验证经济趋势的持续性，同时找准趋势的转折点。只要能预测出当前的经济状况能够持续多久、什么时候会出现拐点，企业的经营投资将受益匪浅。

想要抓住这两个要点，第一，需要考虑全世界各个国家的“物资的供求平衡”状况，比如汽车、住房、原油、天然气、钢铁、乙烯等，通过这些物资的供求关系，窥一斑而见全豹，预测不再是令人头疼不已的难题。第二，需要分析各个国家的家庭、企业债务如何变化。第三，需要考察全世界的实体经济与金融经济的平衡是否出现倾斜。另外还可以通过不同视角以及各种经济现象来提高预测的准确性。

尤其是在分析供求平衡关系时，应提高对技术革命的进步程度的重视，放弃 $y = 100 + ax$（或 $y = 1 + ax$）的线性思维，学会 $y = 100 + ax^2$（或 $y = 1 + ax^2$）的曲线预测，这样才能跳出窠臼，找准经济趋势的转折点。

随着经济全球化，经济周期不断缩短，因此转折点比持续性更加重要。在经济趋势风云突变时，很多企业没有未雨绸缪，结果损失惨重。

此外，关于转折点的问题，笔者认为 1—2 年的误差范围是允许的（但是对于汇率走势来说即便是 1 年也太迟了），这种程度的误差足以让企业稳定地经营、规避风险，甚至在同行陷入困境时，还能主动出击、扩大战果。

第 三 章

勿受经济学理论蒙蔽

1 预测经济可以相信经济学理论吗

经济学建立在一系列“大前提”的基础上，但实际上这些前提中夹杂着不现实、不科学的因素，经济学的重大缺陷一览无余。

经济学假定“人们能够进行合理的选择”，但迄今为止没人能够证明这个大前提。基于“虽然不能证明，但总之是这样的”的非常模糊的预设，经济学经年累月创造出了五花八门的理论。

经济学的标准远远滞后

只要冷静思考就会发现，“人们能够进行合理的选择”在现代的经济状况下已经难以成立。

比如面对 A 和 B 两种货物，有“买 A、买 B、两个都买、两个都不买”4 个选项，增加到三种货物则有 8 个选项，四种货物有 16 个选项，即货物种类增加，选项也倍增。当达到十种货物时，选项激增到 1024 个，达到一百种货物时就有上亿的选项了。

现实中人们如果想要在百货商店或超市进行合理的选择，将会耗费一生的时间。也就是说在物质财富的数量、种类急剧膨胀的今天，选择范围非常广泛，不可能进行合理的选择，这和石器时代的以物易物不可同日而语。

尽管如此，经济学没有修正自身的缺陷，仍然维护“人们能够瞬间选择最适合自己的东西”这一大前提，完全无视“时间概念”。几百年来经济规模不断扩大，经济结构也越来越复杂，但是经济学却没有跟上时代的步伐，还是用“几百年前的标准”来看待经济现状。

经济学的基础——需求曲线与供给曲线也不现实

基于“人们能够进行合理的选择”创造出的另一个奇怪的理论就是号称经济学最最基础的“需求曲线”与“供给曲线”。这个理论以纵轴为价格、横轴为数量建立图表，以下降曲线为需求曲线，上升曲线为供给曲线，在两条曲线的交叉点上需求与供给达到平衡状态。

但是该理论描述的现象在现实世界中是绝对不可能发生的，理由如前所述，同样因为缺乏“时间概念”。需求与供给在瞬间吻合，决定物品的价格和交易量，这只是阿拉丁神灯似的天方夜谭。

经济运行是动态的，想要说明其动向，就必须把握时间概念。而平面图表无法表达时间，所谓的均衡价格、均衡数量等也

图 3-1　需求与供给曲线

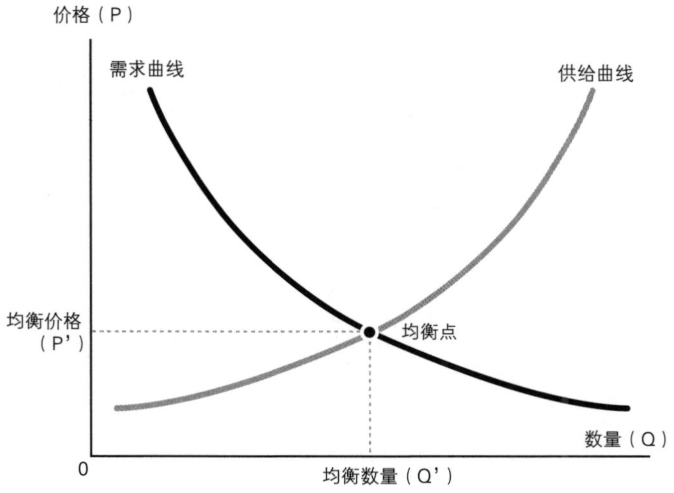

瞬间决定价格和数量是不现实的。

就无从谈起。

综上所述，作为经济学基础的大前提是有重大缺陷的，是背离现实经济状况的，纸上谈兵。在看待经济以及其他事物时，关键在于认清其本质，辨别其合理性，经济学理论没有做到这一点。

2　对于经济预测，经济学真的有用吗

虽然有点让人惊讶，但大家都相信起源于欧美的经济学与新教徒（基督教的新教）的宗教观、道德观有千丝万缕的联系。

英国著名哲学家亚当·斯密是经济学的鼻祖、《国富论》的作者，他同时也是新教的虔诚的信徒，勤恳地研究宗教道德。新教与天主教（旧教）不同，彻底否定人的能力，宣扬“人类在神面前是软弱无力的”“人类只能按照神的指引而生存”。笔者认为，在这样的历史条件下，经济学与宗教产生了异曲同工之处。

比如《国富论》中的经典表述“看不见的手”揭示了一种调节功能：不管个体的行为对自己怎样有利，都会给全社会带来利益。而笔者认为，“看不见的手”可以进一步解读为新教的观点“人类在神面前是软弱无力的”。

另外，亚当·斯密的处女作《道德情操论》是一部研究道德的哲学著作，由人们进行交往时产生的感情入手，论述了道德观、判断力等问题。从这个侧面也能说明，欧美的经济学掺入了新教的道德因素。

反映宗教观、道德观的经济学不是科学的理论

以亚当·斯密为始作俑者，现代经济学带有新教的宗教观、道德观的因素，这是匪夷所思的。

具有代表性的例子是美国前总统乔治·布什在任总统期间曾发表演讲，称赞经济学家弥尔顿·弗里德曼“为实现道德愿景而鞠躬尽瘁”。当时笔者将其解读为美国人认为“道德与经济是一体的”。

在物理学、化学等自然科学领域中，有明确的法则和答案，完全不存在违背法则的状况。而在经济学等社会科学、人文科学的领域中，虽然也有某某法则、某某理论，但没有一个是百分之百正确的。各种观点层出不穷，议论纷纭，不知道哪一种才是对的。

如果说经济学中反映了宗教观、道德观的色彩，那么它作为一门学问来说就是不科学的，也无法引导人们寻求正确的答案。而正因如此，弥尔顿·弗里德曼、保罗·克鲁格曼等诺贝尔经济学奖获得者成为经济学界的权威，发挥了巨大的影响力。人们盲目相信他们提出的理论，即便是错误的，也照搬教条、奉为圭臬。

经济学没有与时俱进

现实的经济状况已渐渐不再按照经济学理论描述的那样来运

行了，这是因为经济活动存在于商业的现场，商业规则的前提改变了，经济的实质当然也要随之脱胎换骨。

经济如同生命体一样，无时无刻不在发生变化。物换星移几度秋，企业的经营也跟着时代随波逐流，因此企业今后制订经营战略时，不能再炒十年前，甚至二十年前的“冷饭”，新瓶不能再装旧酒，从一开始就要杜绝过时的战略。

虽说经济学应该与时俱进，但是不知为何欧美的主流经济学派到现在依然像宗教经典似地鼓吹其陈腐的理论，比较典型的有保罗·克鲁格曼的“通货膨胀预期”。

在国际组织、智库的经济学家中，很多人都是没有与时俱进的经济学的忠实信徒，由此看来他们无法准确预测经济也是没有办法的事。想要避免这种情况，经济学界就必须挣脱逢迎权威的桎梏，不拘一格地采纳新观点、新理论，集思广益，自我进化。

3 预测经济需要什么样的能力

为什么人们认真学习了经济学却无法准确预测经济市场呢?笔者年轻时思考得出的答案非常简单，正是因为仅仅认真学习了经济学，才会造成这样的结果。

如果只学习钻研一门学问，很有可能产生某些严重的弊端，会变得一叶障目，只用这门学问的知识、理论去观察、理解事物。

比如科班出身的经济学家们只会从经济学的角度来预测经济与市场，虽然他们也心知肚明现实的经济运行中不合理的成分多于合理的，市场不见得按照金融工程的公式那样变化。

笔者希望经济学家们早日醒悟，认识到自己的不足，明白只靠经济学的理论知识行不通，屡败屡战，不断尝试新方法。但是他们中的大多数人依然执迷不悟，不断预测失误，而不愿离开经济学的“专业性”的温柔乡。

广泛涉猎，成为通才

笔者的经济预测之所以准确，是因为在观察经济现状时，不依赖经济学理论，而是以历史学、哲学的思维方式为中心，同时借助心理学、物理学、化学等多个领域的知识的力量，才尝试作出预测。这样的方法独此一家，别无分店。

对于经济预测，上述的思维方式能够发挥关键作用。哲学可以告诉我们事物的本质，历史学是人类无数次尝试的镜鉴，心理学研究的是影响经济运行的人类活动，物理学、化学教给我们原因和结果的相关性。

因此，笔者认为大学的教学计划中虽有公共基础课和专业课之分，但公共基础课更加重要，可以学到各种各样的知识，开阔眼界，培养良好的判断力。如果敷衍了事，只是一门心思发奋学习专业课，视野就会变得狭窄，很有可能钻进牛角尖。

长期以来很多大学生认为公共基础课得过且过就行了，但笔者哀其不幸，因为他们轻易地放弃了改变自己发展前途、形成全局意识、养成把握全局的能力的绝佳机会，过了这村儿就没这店了。

偏听则暗，闭门造车的一家之言模糊了事物的本质；兼听则明，各个领域的广泛涉猎却能拨云见日。这是无意识的过程中的点滴积累，最终汇集成一条康庄大道，带领我们不断发现众多本质性的存在。这种感觉非多次亲身体验不能领悟，预测的内容在极短的时间内于脑海中灵光一现。

经济预测需要“大局观”

围棋中常常谈到“大局观”，即正确判断形势，这类似于预测经济时所必需的纵观全局的能力。在围棋的对局中，须不拘泥于局部的一城一地的得失，通盘考虑有利及不利因素，决定或攻击、或防守。

在高手的对局中，只关注局部的棋手是无法取得胜利的，只有俯瞰整个 81 格的棋盘、具备算清战局大势的能力才能笑傲纹枰。

经济预测也不例外。目光局限于经济、市场一隅的人基本上没有能预测准确的，有时即便言中也是偶然，绝非本人实力。正确的经济预测必须培养纵观全局、掌握经济大趋势的能力，这种能力可以使我们在同一框架内迅速分析经济与市场是以什么样的结构运行的，随着时代的发展什么时候会产生结构变化，人们的心理因素会造成多大的影响，并从历史经验中推测以后的发展。

4 判断经济形势不应把景气与物价挂钩

现实的经济状况不会按照经济学教科书描述的那样运行，仅靠经济学无法把握经济的大趋势。在经济全球化的时代背景下，学习“经济学”与学习“现实经济”的意义完全不同。

在我们身边，将经济学的错误的常识付诸实践的就是日本当前正在实行的“安倍经济学”(指安倍晋三2012年年底上台后加速实施的一系列刺激经济政策，最引人注目的就是货币宽松政策，日元汇率开始加速贬值)，众所周知其目标就是创造通胀预期从而“摆脱通货紧缩”——当消费者预期物价要上涨，那么对于一些本来就要购买的商品，就会尽快地去购买，因此带动消费及投资，扭转日本长年消费与投资极度低迷的状况。

但是笔者认为“既没有必要摆脱通货紧缩，也没必要达到通货膨胀”，因为从历史上看不管是通缩还是通胀都和经济的繁荣与否毫不相关。这个判断来自笔者大学时代学历史的积累。

回顾世界经济史，绝大多数通货紧缩时期都呈现经济繁荣的景象，事实证明通缩与不景气没有相关性，经济学常识“通货紧缩=不景气”的说法站不住脚。

“通货紧缩=不景气”为什么会成为常识

除了笔者之外，明尼阿波利斯联邦储备银行的两位经济学家安德烈·阿特金森和帕特里克·J. 基霍于2004年1月发表论文《通货紧缩与不景气的关联有证据吗?》，表达了相似的观点。

首先来看一下图3-2，坐标上显示了1929—1934年世界经济大恐慌时期16个主要国家的通货膨胀率和实际的经济增长率。

从图上可以看出，世界经济大恐慌时期这16个国家都是通货紧缩，但是只有8个国家同时经历了“通缩”与“不景气”，其余8国只是通缩而已。特别值得一提的是，16个国家中经济增长率最差的是美国。

阿特金森和基霍提到，仅凭这个图表就无法判断“通货紧缩”与“不景气”是否存在相关性，笔者完全赞同。

但不幸的是，很久之前研究大恐慌时期的专家本·伯南克仅仅从美国的情况出发就轻易地得出了“通货紧缩=不景气”的结论。当时美国经济最差的说法或许也与不成熟的研究结果有关。

此外，由于伯南克的权威，很少有经济学家去验证其结论的正确性，而大多数人则是对伯南克的结论亦步亦趋，错上加错，到头来谬论反而成了经济学的常识。

图 3-2　16 国的实际经济增长率和平均通货膨胀率（1929—1934 年）

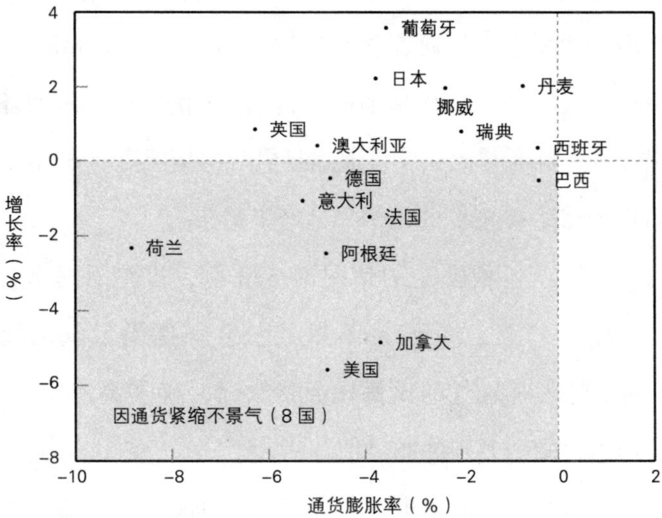

资料来源：安德烈 · 阿特金森、帕特里克 · J. 基霍（2004），“通货紧缩与不景气的关联有证据吗？”《美国经济观察》。

16 个国家都是通货紧缩，
但经济不景气的
只有 8 个国家。

“通货紧缩”与“不景气”毫无关系

如图 3-3 所示，阿特金森与基霍还计算出 1820—2000 年（不包括 1929—1934 年）的非常漫长的时间内 17 个主要国家的 5 年间平均通货膨胀率和实际经济增长率。这种严谨求证经济历史的工作清楚地显示了“通货紧缩”与“不景气”是否相关。

我们可以发现，通货紧缩的情况有 73 例，但通缩且不景气的情况仅有 8 例。与此相反，通缩且景气的情况竟有 65 例，也就是说通货紧缩时有 89%的比例都是经济繁荣。

另一方面，通货膨胀的情况有 522 例，占绝对多数，其中 501 例是经济繁荣，21 例是不景气，也就是说景气的比例占 96%。通货膨胀时景气的比例比通货紧缩时确实高出 7%，但是通胀与通缩之间的差别并非泾渭分明。

以上的客观检验的结果表明，“通货紧缩造成经济萧条”的经济学常识只不过是先入为主的成见罢了。

综上所述，企业经营者们不应该把经济景气与否和物价挂钩，“通货紧缩=不景气”的观点很可能导致误判经济的大趋势。

图 3-3　通货紧缩与不景气的关系

除了世界经济大恐慌时期以外，以 5 年为一个周期统计 17 个国家的增长率及通货膨胀率，绘制图表如下。

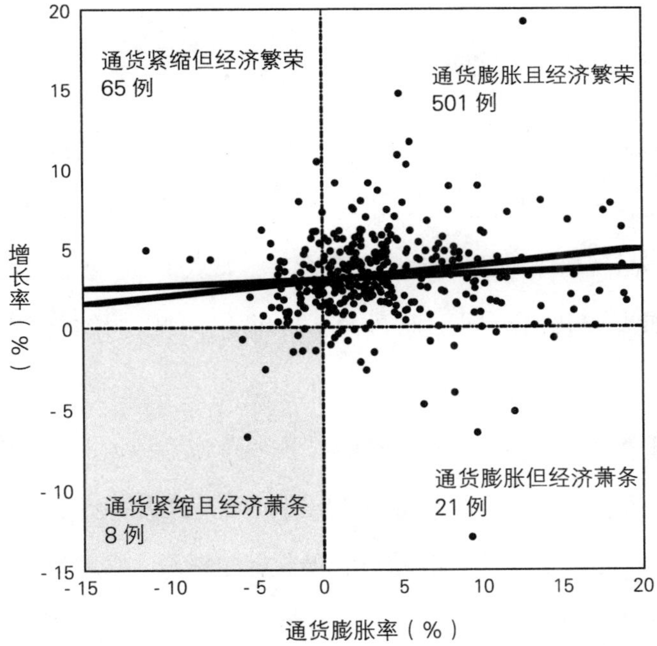

资料来源：安德烈 · 阿特金森、帕特里克 · J. 基霍（2004），“通货紧缩与不景气的关联有证据吗？”，《美国经济观察》。

通货紧缩时约九成的年份
并非经济萧条！

5 判断经济形势切莫弄错因果关系

除了阿特金森与基霍的统计学的研究以外，遍览世界经济发展历史，通货紧缩期远远长于通货膨胀期，很多时候在通缩的情况下都呈现出一派繁荣盛世的景象。比如从 18 世纪中后期至 19 世纪如火如荼的英国工业革命、19 世纪中叶开始的美国的通缩期。

在英国工业革命的繁荣时期，“能源革命”应运而生，作为当时的主要能源，煤炭的产量如芝麻开花节节高升，导致煤炭价格暴跌，但当时实际的人均 GDP 以及实际工资却大幅增长。不仅如此，在这个通货紧缩的年代，人们的平均寿命也大大延长，物质资源丰富，生活水平不断提高。

18 世纪 70 年代至 90 年代美国也处于通货紧缩时期，但那依然是一个活力四射、蓬勃发展的时代，白炽灯、留声机等新技术、新发明相继问世，文学艺术百花齐放，推动了工业生产、资本主义的兴盛。正是在这个时代，石油大王洛克菲勒、钢铁大王卡耐基等人加速扩展实业，奠定了现代美国经济的基础。

理应还原历史的本来面貌

上文提到，“通货紧缩=不景气”之所以成为常识，是因为这是经济学权威之一的伯南克的理论，没有经过严谨的检验就为学界所认可了。伯南克仅凭美国的经济大恐慌时期的状况就得出了这样的结论，但除了该时期以外，他至少还需要论证其他各国的通货紧缩与不景气的相关性。

因此，伯南克的研究缺乏历史的视角，忽略了相关性的问题，从根本上存在缺陷，在理论上经不起推敲。即便如此，经济学界依然抱残守缺，历史的真相像小姑娘一样任由权威们打扮。

阿特金森与基霍的论文还原了经济的历史的本来面貌，给予了经济学常识一个巨大冲击，但却被学界置若罔闻、置之不理。

值得庆幸的是，经济学界仍有人在努力还原历史真相，虽然进度缓慢，但星星之火可以燎原。国际清算银行（BIS）于 2015 年 3 月发表了题为《从历史的角度看通货紧缩的代价》（*The costs of deflations：a historical perspective*）的论文，通过检验漫长的经济发展史，得出了“通货紧缩与经济增长率的相关性很低”的结论。将来这种正确的观点只要逐渐深入人心，“通货紧缩 = 不景气”的“常识”就会土崩瓦解、原形毕露。

切莫盲目相信宗教化的经济学

经济学常常讲“通货紧缩的结果是不景气”“通货膨胀的结

果是经济繁荣”，这完全弄错了因果关系。经济繁荣也会导致通货紧缩，经济萧条时也会出现通货膨胀。通胀也好，通缩也罢，它们归根结底都只不过是经济现象的“结果”。

如上文所述，克鲁格曼、伯南克等经济学的权威们之所以会弄错因果关系，是因为经济学建立在不合理的前提的基础之上，同时掺杂了基督教的宗教观、道德观。

在科学的领域，原因与结果绝对不能本末倒置。在笔者看来，声称“通货膨胀时经济会变好”的学者就好像在物理学的领域把“受力导致物体移动”改成了“物体移动，因此受力”。

在基督教如日中天的中世纪的欧洲，神权严重阻碍了科学的发展。克鲁格曼提出的“只要人们相信会出现通货膨胀，实际上就会发生这样的事”，即通货膨胀预期学说的的确确就是宗教性质的。而日本的经济政策却以克鲁格曼的理论为根据，在错误的道路上越走越远，这令人十分担忧。

因此，企业经营者们应准确研判各国的经济政策是否理顺了因果关系，谨慎对待国内外的投资项目。

6　安倍经济学的失败早已注定

2013年以后，笔者在拙作、博客以及连载专栏上反复强调“安倍经济学的中心思想是大规模放松银根，这注定会失败”。虽然企业的效益因日元贬值而提高，但是国民的实际收入却下降了，国内消费也随之减少，这是不言而喻的。没人能够保证经济预测百分之百的正确，但从经济的本质来看，安倍经济学明显不是对症下药，所以笔者敢于作出上述断言。

安倍经济学的理论基础是“物价上升是好事，下跌是坏事”，这分明也是人们奉若神明的经济学的常识。因此，所有支持安倍经济学的经济学家们都认为日元贬值大快人心，日元贬值会促进进口物价上涨，进而拉动整体物价上涨，就可以摆脱通货紧缩。

比如由于日元贬值，对价格很敏感的家庭主妇们经常购买的食材、日用品等都会涨价。若因消费税增加而涨价，那不是好事；若因日元贬值而涨价，则是可以接受的。这种想法是不对的，从消费者的角度来说毫无道理。物价上涨只会让消费者的腰包瘪下去，最大限度地抑制消费，这才是人们正常的行为模式。

个人消费减少与雷曼兄弟危机并行

日元贬值导致输入性通货膨胀，家庭的可支配收入不可避免地随之减少。其后果就是2013—2015年日元持续贬值，3年时间内实际工资竟累计下降了4.6%，也就是说下降率达到了雷曼兄弟危机时期的状况，占GDP总量60%的个人消费陷入了史无前例的低迷阶段。

20世纪90年代日本的泡沫经济破裂以后，个人消费减少的时期共计5年，分别是因金融系统危机而紧缩银根的1998年、雷曼兄弟危机时期的2008—2009年以及实际工资大幅下降的2014—2015年。我们必须清醒地认识到，个人消费连续两年减少的只有2008—2009年和2014—2015年这两次，2008年、2009年分别减少了0.9%和0.7%，但是2014年减少了0.9%，2015年更是减少1.3%，刷新了战后最坏的纪录。

与此同时，观察GDP的变化可以发现，除雷曼兄弟危机时期之外，2013—2015年的增长率为年平均0.6%，呈现历史性的低迷。由此可见，大型媒体的舆论调查得出的一致结论“八成人都感受不到经济复苏”是理所当然的，可是政府却揣着明白装糊涂，一直宣称“经济正在持续复苏”。

2016年风向转变，日元升值，实际工资一定会上涨，个人消费多少也会随之增加。但我们需要提防政府大言不惭地吹嘘“实际工资开始上涨是安倍经济学的成果”，企业在研判经营、投资时，千万不要相信政府的说辞。

图3-4　实际工资的变化

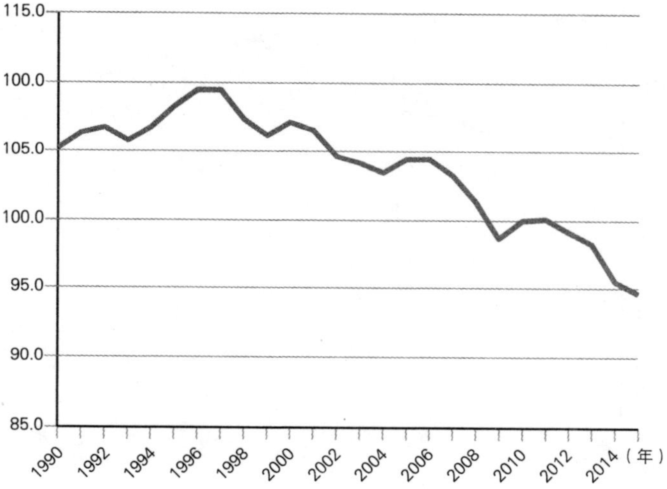

注：2010 年平均值 =100

资料来源：每月劳动统计调查。

企业的股价虽然
因日元贬值而上涨，
但是实际工资大幅下降。

图 3-5　GDP 与个人消费的变化

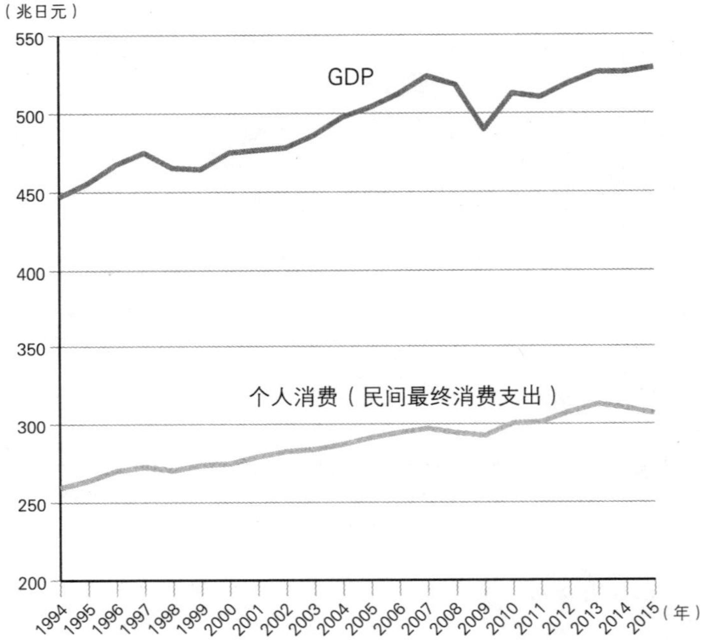

资料来源：内阁府。

因实际工资下降，个人消费减少了。结果 GDP 增速也停滞不前。

不了解经济的本质及历史而铸成大错

基于克鲁格曼的“通货膨胀预期”的谬论，加上所谓通货再膨胀学派的专家们以权威的名义狐假虎威，愚蠢的政治家没有丝毫的怀疑，在日本进行了草率的经济实验。从国民的日常生活来看，依赖放松银根的经济政策是不合理的。如果能早点摒弃先入为主的观念，严谨地审视经济的本质及历史，就不会实施这种愚不可及的政策了。

经济的本质并非“物价上涨带来经济繁荣、生活富裕”，而应该是“经济增长引起物价上涨”（当然也可能下降）。在经济学的领域“鸡生蛋还是蛋生鸡”的问题可以成立，但是实际的经济绝非如此，“究竟哪一个在前”是非常重要的。

经济学还有一个不可思议的漏洞，即不考虑各个国家的人口构成、人们的价值观以及生活方式等。特别是对于率先进入老龄化社会的日本来说，通货膨胀到底好不好应该置于社会保障制度改革的框架内进行讨论。日本经济正在承受人口减少的压力，而美国经济却在享受人口增多的红利，以相同的标准来比较二者在理论上是没有意义的。

7 相信安倍经济学的经营者遭受重大打击

企业经营者在制订经营战略时，不能轻易相信政府的经济政策和观点。但事实上即便是日本具有代表性的大企业的经营者也唯安倍经济学马首是瞻，结果遭受了重大损失，这样的例子竟然不在少数，最典型的是迅销有限公司（Fast Retailing）主席兼首席执行官、著名休闲品牌“优衣库”创始人柳井正。

被安倍经济学忽悠，优衣库盲目涨价

安倍经济学打出摆脱通货紧缩的旗号，优衣库与其保持一致的步调，于 2014 年和 2015 年两次分别涨价 5%和 10%。涨价的理由是产品附加值提高，明确反映到价格上。

但是对价格和品质都很挑剔的日本消费者对这一说法并不买账，他们早已看透，涨价的真实原因是日元升值造成原材料等生产成本提高了。

在国民的实际收入下降的背景下，2016 年 2 月期的决算

（2015 年 9 月—2016 年 2 月的上半期）显示受涨价影响，国内现有店铺的顾客人数竟减少了 6.3%，结果纯利润只有 470 亿日元（上一年同期是 1047 亿日元），下降了 55%。

因此，2016 年 2 月柳井正承认两年间的连续涨价没有被消费者认可，要求所有的店铺立即降价。优衣库改变了搭安倍经济学便车的经营战略，重拾物美价廉的方针，让消费者任何时候都享受便宜的价格，这才是迄今为止优衣库发展动力的源泉。

但是两次涨价已经削弱了物美价廉的印象，想要恢复并非易事，很难重新挽回已经投向竞争对手怀抱的顾客们。

与安倍经济学相同，优衣库的失败也是早就注定的。企业经营者早就应该认识到，在消费者的实际收入可能下降时两次涨价是不明智的。从日本人的价值观来看，通货膨胀并非人们所期待的，而是忌讳的。

需要明辨国家政策成功与否

几乎所有因安倍经济学而涨价的企业现在都不得不改变经营战略。尤其是家庭餐馆等饮食业大多在安倍经济学问世的 2013 年就开始涨价，其根本原因还是日元贬值，进口食材的价格显著上升，如果不涨价就无法确保利润。

2013 年实际工资开始下降，这种不得已的涨价对消费者的影响或许并不明显，但随着日元持续贬值，2014 年、2015 年实际工资一直滑坡，消费者的节约意识逐渐增强。

表 3-1 迅销公司的业绩变化

（亿日元）

	2015年8月期		2016年8月期（预计）			
	上期实际业绩（2014/9～2015/2）	全期实际业绩（2014/9～2015/8）	上期实际业绩（2015/9～2016/2）	去年同比	全期实际业绩（2015/9～2016/8）	去年同比
销售额	9496	16817	10116	(+6.5%)	18000	(+7.0%)
销售总额	4795	8485	4769	(▲0.5%)	–	–
（比率）	50.5%	50.5%	47.1%	(▲3.4p)	–	–
营销管理费	3363	6718	3707	(+10.2%)	–	–
（比率）	35.4%	39.9%	36.6%	(+1.2p)	–	–
企业利润	1431	1766	1062	(▲25.8%)	1500	(▲15.1%)
（比率）	15.1%	10.5%	10.5%	(▲4.6p)	8.3%	(▲2.2p)
营业利润	1500	1644	993	(▲33.8%)	1200	(▲27.0%)
（比率）	15.8%	9.8%	9.8%	(▲6.0p)	6.7%	(▲3.1p)
税前四半期利润	1636	1806	820	(▲49.9%)	1025	(▲43.3%)
（比率）	17.2%	10.7%	8.1%	(▲9.1p)	5.7%	(▲5.0p)
属于总公司所有者的当期利润	1047	1100	470	(▲55.1%)	600	(▲45.5%)
（比率）	11.0%	6.5%	4.7%	(▲6.3p)	3.3%	(▲3.2p)

（亿日元）

		2015年8月期		2016年8月期（预计）	
		上期实际业绩（2014/9～2015/2）	全期实际业绩（2014/9～2015/8）	上期实际业绩（2015/9～2016/2）	去年同比
优衣库国内事业	销售额	4545	7801	4536	(▲0.2%)
	企业利润	886	1156	636	(▲28.2%)
	（比率）	19.5%	14.8%	14.0%	(▲5.5p)
	营业利润	894	1172	641	(▲28.3%)
	（比率）	19.7%	15.0%	14.1%	(▲5.6%)
优衣库海外事业	销售额	3455	6036	3892	(+12.7%)
	企业利润	431	507	325	(▲24.7%)
	（比率）	12.5%	8.4%	8.4%	(▲4.1p)
	营业利润	428	433	294	(▲31.4%)
	（比率）	12.4%	7.2%	7.6%	(▲4.8p)
全球品牌事业	销售额	1482	2953	1673	(+12.9%)
	企业利润	123	209	142	(+15.3%)
	（比率）	8.3%	7.1%	8.5%	(+0.2p)
	营业利润	117	144	143	(+21.9%)
	（比率）	7.9%	4.9%	8.6%	(+0.7%)

日本国内事业萎缩，效益下降

资料来源：迅销公司的决算概要（2016年4月7日）。

最终饮食业被迫改变涨价的策略，家庭餐馆、快餐店、牛肉盖饭专卖店等立即丰富低价菜单，绞尽脑汁打开消费者的腰包。这些低价菜单确实得到了好评，客人的消费也正在顺利恢复。

我们要从上述例子中汲取教训，企业经营者、决策者们需要炼成明辨国家的经济政策成功与否的火眼金睛，谨记内阁府每月公布的“每月经济报告”等官方的经济形势判断完全不是以企业经营为目的的。

8 看清经济趋势，经营走向成功

若能预测经济趋势，就有可能规避将来经营中潜在的风险。如果判断经济衰退，应减少设备投资，控制雇佣规模，防微杜渐，未雨绸缪，则有利于抓住日后的机遇。若判断经济繁荣，则应积极增加设备投资等，提前采取攻势。

透视经济必备的六大判断要素

经济预测的基础是具备以下六大判断要素。如果能逐一认识到每一点，企业管理者就能通盘考虑经营与经济趋势，制定更加有效的经营策略。

①判断经济开始向好

②判断经济持续繁荣

③判断经济繁荣终结

④判断经济开始衰退

⑤判断经济衰退持续

⑥判断经济衰退终结

请不要误解为“③判断经济繁荣终结”与“④判断经济开始衰退”“⑥判断经济衰退终结”与“①判断经济开始向好”是等价关系，两者之间虽然存在重合，但是即便繁荣的状态结束，经济依然可能保持横向波动，即便衰退的状况结束，经济依然可能停滞不前。

经济全球化背景下企业间的竞争加剧，想要屹立不倒，经营者就必须具备预测经济的能力，其中尤其重要的是规避巨大风险的判断力。正如第一章中所述，在经济运行由盛转衰的拐点临近之时，企业进行大规模的设备投资，基本上都碰得头破血流。但是若能预测经济转向的节点，不仅可以避免不必要的投资损失，反而还能抓住绝佳的投资机会。

这样看来，企业制订经营策略时“③判断经济繁荣终结”与“④判断经济开始衰退”两个因素至关重要。企业即便只遭受一次巨额损失，也要耗费漫长的时间和巨大的努力来恢复元气。恢复了倒也罢了，有时还会陷入经营危机。因此，绝对不能在经济运行由盛转衰之时扩展业务、提高产能。

另一方面，“⑤判断经济衰退持续”和“⑥判断经济衰退终结”却能带来绝好的投资机会，绝不可忽视。特别是当⑤经济衰退持续之时，在国内外设置分支机构的设备投资成本将会大大降低，由此创造的就业岗位也会令当地政府感恩戴德，给予企业各

图3-6 六大经济判断要素图示

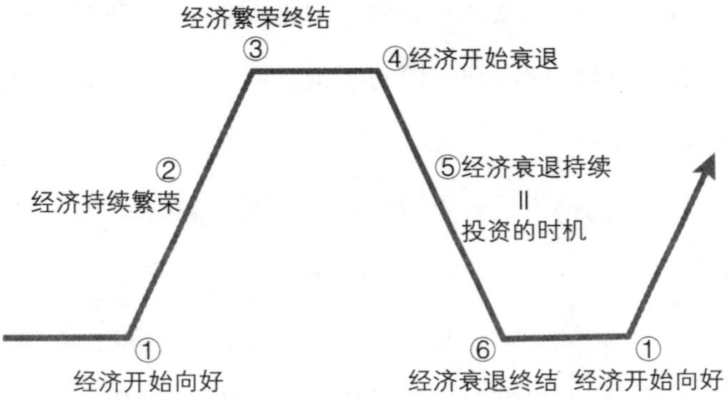

对经济趋势敏感
有利于商业和投资等。

项优惠和支持政策。而在⑥经济衰退终结之时开工投产、收购股权等，可以获得最佳的经营效果。

设备投资的最好时机

笔者认为，理想的经济判断就是把握时机，即经济持续繁荣之后两到三年可能结束。因为从企业决定设立工厂到投入运行通常花费两三年时间，长一点的话大概四五年，如果预测两三年间投资目标国的经济繁荣期将要结束，就可以撤销工厂建设方案，或者缩小工厂规模，兵来将挡水来土掩。

当然也存在另一种情况，即投资目标国的经济持续衰退，预计随后的两三年将会止跌企稳，这也是理想的判断。在经济开始复苏前伺机而动，有利于工厂建设及人员招聘等。企业经营者应密切关注经济形势由衰退到企稳向好的时机，积极进行投资。

此外，与耗时漫长的设备投资不同，对于资源的股权的买卖、企业的兼并与收购等来说，只要提前半年至一年看清经济趋势的转折点，就有充分的时间来操作。比如，如果预测铜价在半年后将会进入长期的上升通道，则可以迅速收购铜矿的股权；反之，若预计暴跌，也能多方打探消息，及时将股权抛售。

9 今后经济走向何方

读者朋友们如何看待接下来的世界经济大趋势呢？

截至2016年7月，由于原油价格长期低廉，美国的消费保持了强劲的动力，欧洲的消费状况也逐步回暖。中国的经济增长也由依靠投资向依靠消费转变，国内消费日益增加。而只有日本因经济政策的失误造成消费依然疲软、没有起色，但从世界经济的整体情况看，虽然低于以往的增长率，还是属于市场繁荣的类别。

不过我们必须清醒地认识到，世界经济有一个本质性问题，会导致繁荣转向萧条，它在经济运行的深处暗流涌动，像沸腾的岩浆似的随时准备喷薄爆发，这个问题就是世界各国债台高筑。

美国的家庭债务在雷曼兄弟危机时达到顶峰，随后开始减少，但美联储的量化宽松政策又继续制造巨大的债务。在欧洲，政府、银行、家庭都因负债累累而苦不堪言，欧洲央行也推行量化宽松，不断增加债务。同样，日本政府债多了不愁，日银实行大规模量化宽松，不顾后果，饮鸩止渴。

图 3–7　中央银行的资产（占 GDP 比重）的变化

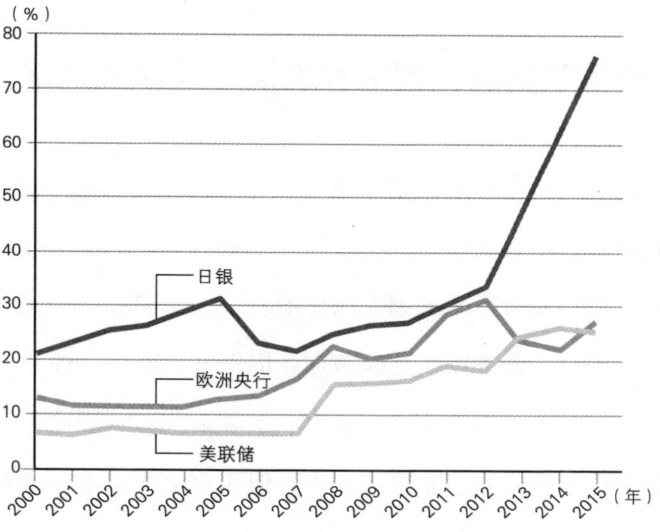

资料来源：IMF、各国中央银行。

各个发达国家推行量化宽松政策，中央银行的资产不断膨胀。

考虑到世界经济的前景，即便美联储正式实施退出战略（减少市场上的供给资金），花费三年时间也是杯水车薪。欧洲央行、日银等并不例外，从现在开始就算历经三年，退出战略也不会有什么进展。退出战略实施得越迟缓，其副作用就越积重难返。

过度授信吹起新兴国家和发展中国家的泡沫

美国、欧洲、日本正忙于通过中央银行的负债进行经济刺激，而中国却在为此前应对经济危机时实施的 4 万亿（当时约 60 兆日元）财政政策带来的副作用愁眉苦脸。中国企业的美元支付贷款不断攀升，设备投资大幅增加，以钢铁、水泥等原材料生产商为首的许多企业因供给过剩出现了巨额赤字。

此前中国企业的债务相对较少，但 4 万亿投资实施之后，也背上了沉重的包袱。根据国际清算银行（BIS）的推算，2015 年 9 月底，除金融机构外，中国的民间债务急速膨胀，达到 21.5 兆美元，是雷曼兄弟破产后的 4 倍。令人震惊的是其债务总额超过了 GDP 的 200%。

具体说来，中国的民间债务中企业占了八成，为 17.4 兆美元，不动产、钢铁、金属、资源等行业的负债比率较高，债务违约的风险不断加大；家庭债务占 4.1 兆美元，住房贷款在雷曼兄弟破产后由 0.8 兆美元激增至 4 兆美元，达到警戒水平。

1989 年日本的民间债务超过 GDP 的 200%，随后泡沫破裂，而中国的民间债务业已达到日本泡沫经济末期的水平。中国政府

图 3-8　民间债务（占 GDP 比重）的变化

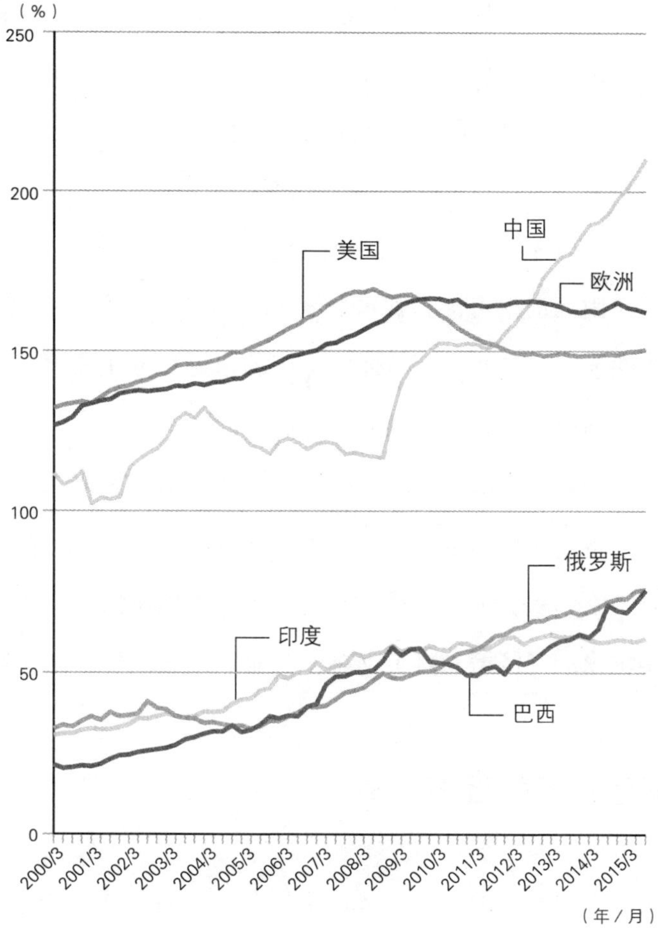

资料来源：国际清算银行（BIS）。

为了维护政权的稳定，绞尽脑汁，千方百计地试图让经济软着陆，但这能否实现，尚且是个未知数吧。

雷曼兄弟破产后，为世界经济托底的的确是以中国为首的新兴国家的高速增长，可如今不只是中国，巴西、俄罗斯等国的债务危机重重。巴西的家庭债务偿还比率早就超过了美国在雷曼兄弟危机前的水平，因资源价格暴跌，2015 年、2016 年连续两年出现负增长。俄罗斯的财政状况持续恶化，照这样下去大概只能维持两到三年光景。

人们希望东南亚各国能够代替金砖四国成为下一个增长引擎，但东南亚也很可能被民间债务增加和中国经济减速拖后腿。印度尼西亚、马来西亚、新加坡等国的家庭债务正在增长，这个倾向已经引起了各国政府和中央银行的警惕。

发达国家的经济低迷时，投资资金往往涌向新兴国家和发展中国家，这是历史的常态。于是各国的融资标准降低，国民大量贷款，寅吃卯粮，纵情消费。像这样，泡沫化授信给新兴国家和发展中国家的经济增长打了鸡血，但埋下的隐患迟早会爆发。

如何克服债务经济模式

当今世界经济的主要症结在于各个国家的贷款过度膨胀。由于量化宽松，美日欧市场上充斥了大量货币，但众所周知仅靠放松银根是无法长期维持繁荣景象的。只有老百姓先储蓄再消费才是健康的经济。因放松银根而资产增加的只是一部分富人阶层，很难惠及消费市场。

这样看来，日本的经济政策、财政政策越来越捉襟见肘。历史上没有哪个国家仅凭货币贬值就实现了经济的中长期复苏，没有哪个国家仅凭增税就完成了财政重建。即便是持久战，推进结构改革、重塑增长战略才是硬道理。增税前必须以壮士断腕的勇气削减年度支出，否则财政膨胀不会停止，消费税增税也会遭到当头棒喝。

此外，日银的金融政策正濒临破产边缘，从经济全局来看负利率积弊甚多，愚不可及。现代经济体系的前提是正利率，负利率是后期的畸形产物，各种副作用不断出现，很容易把经济逼到危险的境地。

我们需要直面现状，正视问题。在经济全球化背景下，只有让竞争力低下的企业退出市场，削减债务，才能看到光明的未来。对于各国经济来说债务增加是最沉重的包袱，但为了刺激经济而增加财政支出的办法无异于杀鸡取卵。

回顾历史可以发现，以前吹起一个个泡沫的重要原因无一例外就是债务膨胀到异常水平。当借款方的预期收益恶化、贷款方停止扩大融资时，泡沫就会浮出水面。最终债务增加，融资减少，经济趋于恶化，不良债权纷至沓来。

2017—2018 年世界经济迎来拐点

2000 年以后，美国的 IT 泡沫破裂，债务经济模式成为世界经济增长的支柱。直到 2007 年，美国的贸易赤字带来了世界的繁荣，而全球经济增长又填补了美国贷款的窟窿，其原动力就是依赖巨额贷款的美国房地产泡沫。

但是随后泡沫破裂，殃及欧洲，世界经济陷入负增长。彼时，中国的 4 万亿公共投资以及其他新兴国家旺盛的消费需求充当了救世主。总而言之，新兴国家的民间部门成为“接盘侠”，借新债、补旧墙，为发达国家的债务经济模式崩盘善后。

现在，中国及其他新兴国家的债务经济模式越来越难以为继，想要再次刺激全球经济，就要有新的国家高额举债，扩大公共投资，鼓励消费。但放眼世界哪里有这样的国家？即便有国家效仿中国，它也会重蹈中国的覆辙。

以今后五年为跨度，世界经济的前景不容乐观。欧洲、日本经济衰退，接连出现负增长，一年后美国的经济增长率或许将跌至 1%以下。

这样看来，世界经济不得不低空飞行。拆东墙补西墙的方法行不通，各国只有老老实实减少贷款一条路。

因此，笔者预计 2017—2018 年世界经济将迎来由盛转衰的拐点，即六大判断要素中的“③判断经济繁荣终结”即将粉墨登场。

第四章

三大要点掌握经济预测力

1 如何看清经济趋势

避免经营投资失败，须看清经济的大趋势。但仅凭经济学的知识和理论，无论如何也难以实现。我们要走的路还很长，要学的事还很多。读者朋友们对此应该已经了然于胸了吧。

经济不能简单地用图表或公式来表达。各个国家、各大企业的如意算盘、人们贪得无厌的欲望等一系列因素错综复杂，不合理的现象如同家常便饭。只从经济学的角度出发分析经济现象无法看清现实中的经济前景。

经济预测需要不同领域的知识

想要正确分析现实中的经济现象，需要学会哲学、历史学和自然科学的思维方式，以把握事物本质，借鉴经验教训，有助实战运用，并通过竞争原理推测经营者如何决断。

一言以蔽之，预测经济大趋势不能拘泥于某个特定知识领域，而应广泛涉猎，博采众长。比如人文科学中的哲学、历史学、地理学、人类学、语言学、心理学，社会科学中的法学、政治学、经济学、经营学、统计学，自然科学中的物理学、化学、生物学、数学、地质学等，多多益善，技不压身。

若能如此，不知不觉间，视野自然而然越来越广阔，以这样的视野来观察经济，就能自主思考，得出最优结论，并通过反复实践形成良好的大局观和看清经济本质的洞察力。

渊博的学识可以扩展人生境界

学识渊博与否直接关系着人们视野的广度。视野越宽广，越能跳出井底，发现另一方天地。学习多种多样的知识和思维方式可以帮助我们更加合理地、系统地分析事物的本质。

大学的专业有文理之分，但笔者认为这种区分没有意义。与其拘泥于一门学问，不如来者不拒，含英咀华，不仅可以扩大视野，还能提高人生境界。

良好的大局观可以为悬而未决的难题另辟蹊径，攻坚克难，还可以扭转以往的错误观念，拨云见日。

但是读者朋友们可能会质疑，“从现在开始精通这么多的学问是不可能的”。那么作为本书的最终目的，接下来笔者将围绕把握经济大趋势的关键因素展开说明，提出实践性的方法论。

2 经济预测的三大视角

笔者是经济分析师，而非能源资源的专家。但是所谓的专家们在2013年未能预测到原油、矿产资源等价格的历史性暴跌，笔者却做到了，因为笔者结合了第一章末尾介绍的三大视角，从全局出发纵览经济现象。在此重申这三大视角。

预测经济的三大视角

思考事物本质

如何借鉴历史教训

如何利用自然科学的思想

三大要点：本质·历史·自然科学

首先，要常常深入思考、刨根问底——“事物的本质是什么？”笔者所谓的本质，除了“事物的根本性质”的原意之外，还包括在瞬息万变的时代背景下如何动态把握事物的“结构”、“正确解释”和“本来面貌”的意思。

令人担忧的是，亦步亦趋学习经济的专家们在看清经济的本质之前，已经将事物的道理和本质抛诸脑后，这就无法确保经济预测的高度准确性。

第二大视角是“如何借鉴历史教训”。历史学不仅要了解过去发生的事件，更重要的是分析该事件发生的原因、背景、条件、状况、当时人们的价值观以及历史影响等。通过磨炼这种分析能力，我们能够预测未来是否会上演同样的情景。

但即便是世界著名的经济学家，也没有做这项具有前瞻性的工作。若是单纯列举历史事件并比较相似点，就连中小学生都不在话下。

第三大视角是“如何利用自然科学的思想”。说出来大家可能不信，以自然科学的思想预测经济，精准度会明显提高。大家或许认为，从事经济分析和经营顾问工作的人只要精通经济学、经营学就万事大吉了，但实际上笔者在上述工作中运用人文科学、自然科学思维方式的情况远远多于社会科学，因为一心想要看清本质，特别是在纵览经济全局的时候常常会不知不觉地使用物理学、地质学、气象学等知识。

全局意识无往不利

以上三大视角是笔者预测经济的法宝，根据笔者的经验，基于这三点进行经济分析，预测的准确性非常高，并且对商业经营、资本运作大有裨益。总而言之，全局意识无往不利。

接下来笔者将对这三大视角逐一具体说明。

3 三大视角之“思考事物本质”

笔者在工作中首要注重对“事物的本质是什么”这一问题探本溯源。全方位地思考经济、经营、政治、社会、文化、科学等的本质有助于培养纵观全局的能力，使经济分析师提高预测准确性，经营顾问做出更具建设性的建议。

那么看清事物本质需要进行什么样的实践工作呢？

能够抓住本质的学问

答案就是不拘泥于学问的分类，广泛学习各种知识和手段。上文提到，想要看清事物的本质不能只听一家之言，而从人文科学、社会科学、自然科学中博采众长，但是读者朋友们切勿将此当作教条来执行，本书强调的主旨是抓住重点、高效学习。

那么有没有什么捷径呢？当然有，能够抓住事物本质的不二法门正是哲学，因为哲学本来就是对本质和真理刨根问底的学问，“思考事物本质”无限接近于“从哲学出发观察事物”。

学会化繁为简

与下文将要讨论的历史学一样，人们常常将哲学误解为灌输知识和思维方式的学问。比如弗朗西斯·培根的经验论、笛卡尔的理性主义、黑格尔的辩证法等，这些历史上伟大的哲学家们创造的思维方式究竟有什么用呢？大多数人确实会感到困惑。

但哲学本来并非这样的学问，其优越之处在于通过学习伟大的哲学家的思维方式，可以锻炼自己的思考力。只要不懈努力，就能够养成认清事物本质必不可少的良好大局观。

此外，也有很多人认为哲学总是故意把事情搞得复杂化。学习哲学时需要理解很多佶屈聱牙的词汇，这进一步加深了人们的错误印象。

但实际上，哲学的目的是化繁为简。学习哲学可以使我们高效地简化事物的全貌，看清事物的本质。特别是 20 世纪以法国为中心发展起来的现代思想，倡导“从本质上把握社会的整体结构”，力求解构世界的构成，发掘社会中存在的问题。这种精神到如今依然为广大哲学家们所继承。

若能理解这样的哲学精神，一定有助于把握社会和经济的整体结构，将经济的整体结构简单化、抽象化的工作也不再是难题，最终能够做出高精度的经济预测。

哲学思考力洞察世事

哲学被称作学问中的学问。下文“融会贯通，提高经济预测力”一节中将会讲到，哲学是一切学问的源泉。第二章中业已说明，优秀的哲学家们在几十年前已经指出经济学的大前提存在巨大缺陷。

很多照搬经济学教条的专家们在看清经济的本质之前，已经将事物的道理和本质抛诸脑后，因此不仅无法保证经济预测的准确性，而且在应该对美国的房地产泡沫发出警告的时期，完全没有意识到已经处于典型的泡沫经济的旋涡中。不久前他们同样误判了原油价格的大幅回落以及日元升值等。

专家们已经在不知不觉中形成了先入为主的观念。在专业领域深化学习无可厚非，但大多数情况只不过是强化了固有的偏见。这样无法形成广阔的视野和全局意识。

而掌握哲学思考力的人则有机会破除成见。他们若想看清某一事物，绝不会偏信一家之言，而是从不同的立场和角度观察事物。

当经济专家们在媒体上七嘴八舌阐述己见的时候，笔者深切体会到了哲学的效用。对于同一个话题，专家们的意见可能会针尖对麦芒，但是掌握了哲学思考力基本上就能判断哪些是对的，哪些是错的。

笔者之所以在初次听说安倍经济学的理论时就能立刻感到它是错误的，正是因为它违背了事物的本质；事前预测到原油价格下跌，也是因为运用从哲学中学到的多角度观察方式，把握了原油市场的整体结构。

掌握哲学思考力确实可以提高经济预测力，了解世界经济和日本经济的整体结构，发现容易忽视的问题点，最终能够客观地纵览现实经济，自信地做出预测。

4 锻炼哲学思考力的捷径——提高大脑持久力

看清事物本质的必要条件是在学习伟大哲学家的思维方式的同时，从不同的视角出发，掌握将事物的全貌化繁为简的手段。为此我们必须加强独立自主地思考研究事物的实践。

但需要注意的是，即便这样的机会增多了，如果只处理没有难度的问题，不管经过多长时间都不会有进步。学而不思则罔，深入思考才能有所提高。如果常常苦思冥想非常复杂难解的问题，思维能力的训练就会得以加强，脑子越用越灵活，看清事物本质的能力也能顺利地养成。

阅读“古典”，锻炼大脑

那么具体应该如何增加深入思考的机会呢？

笔者认为，阅读“古典”方是王道。按照字面意思，“古典”是与现代相对的古代的书籍，但笔者在此强调的“古典”指的是在专业领域具有历史价值，且教化众生、泽被后世的书籍。

古典著作的优越之处在于可以使我们学到青史留名的天才们的思维方式，这些都是那个时代的智慧的宝藏。即使世殊事异，古典著作所散发的光芒也绝不会黯淡，它超越时代，弦歌不绝，润物无声。

下面笔者将列举一些推荐的古典书目，请读者朋友们过目。在阅读时，与背诵书中的内容相比，更重要的是学习其中的思维方式，“授人以鱼不如授人以渔”。

一粒沙中看世界，一滴水中观沧海，每一部古典著作都是对当时的社会、政治、经济以及人类的细致的描绘，读之则受益匪浅，而现今充斥于街头巷尾的成百上千的商业类读物如萤火微光，岂能与皓月争辉？

锲而不舍，提高大脑持久力

阅读古典著作的意义并非仅仅是通过天才们的文字会触及引领那个时代潮流的思想，更重要的是这些名著缺乏具象，过于抽象、艰深晦涩，反而能够使我们进一步发掘大脑的潜力。

古典著作之所以具有这样的特点，是因为彼时的天才作者们预设读者的理解能力与自己处于同样的水平，那么当然不会像现代小说、商业类读物似的简单明了、浅显易懂。如果没有一定的基础，人们会对难以理解的古典著作头疼不已，不用尽“洪荒之力”、全神贯注则无法充分理解书中的内容。与读小说、商业类读物完全不同，大脑会感到十分疲惫。但只要锲而不舍地坚持阅

图 4-1　笔者推荐的古典书目

《沉思录》（马可 · 奥勒留著，岩波文库、讲谈社学术文库）
《形而上学》（亚里士多德著，岩波文库）
《君主论》（马基雅维利著，岩波文库、讲谈社学术文库）
《学术的进步》（弗兰西斯 · 培根著，岩波文库）
《方法论》（笛卡尔著，岩波文库、筑摩学艺文库）
《利维坦》（霍布斯著，岩波文库）
《政府二论》（洛克著，岩波文库）
《实践理性批判》（康德著，岩波文库、光文社古典新译文库）
《社会契约论》（卢梭著，岩波文库、光文社古典新译文库）
《论法的精神》（孟德斯鸠著，岩波文库）
《百科全书》（狄德罗、达朗伯著，岩波文库）
《国富论》（亚当 · 斯密著，岩波文库、中公文库）
《人口论》（马尔萨斯著，光文社古典新译文库、中公文库）
《资本论》（马克思、恩格斯著，岩波文库、筑摩学艺文库）
《道德系谱学》（尼采著，岩波文库、光文社古典新译文库）
《物种起源》（达尔文著，岩波文库、光文社古典新译文库）
《金枝》（弗雷泽著，岩波文库、筑摩学艺文库）
《文明论之概略》（福泽谕吉著，岩波文库、筑摩学艺文库）
《新教伦理与资本主义精神》（马克思 · 韦伯著，岩波文库）
《就业利息和货币通论》（凯恩斯著，岩波文库）
《精神分析引论》（弗洛伊德著，新潮文库）
《论礼物》（莫斯著，岩波文库、筑摩学艺文库）
《语言论》《爱德华 · 萨丕尔著，岩波文库》
《知识考古学》（福柯著，河出文库）
《反俄狄浦斯》（德勒兹、伽塔利著，河出文库）

读，大脑的运转速度就会逐渐提高，深入思考难题的持久力也得以加强。

如果每天都练习慢跑，提高身体的耐力，不仅能锻炼腰腿部，而且有助于渐渐适应长跑。同理，越压榨大脑的潜能，其持久力就会越强，越能发挥出卓越的思考力。

阅读古典著作之于强化大脑持久力如同慢跑之于提高身体耐力，都会比平时堆积更多的乳酸。在日常生活中，大脑的乳酸消耗量是所有身体部位中最高的，据说占全身的20%—25%。阅读困难的书籍——即便不是古典著作——大脑也会感到疲劳，这是因为大脑运转的负荷过大，消耗大量乳酸，导致脑部乳酸不足。

但是，当反复阅读古典著作成为习惯时，大脑的疲劳就会一点点地消失，这也证明在经历深奥的文辞洗礼后，大脑的持久力、理解力和思考力同时提高了。即便是最初完全不知所云的文章，只要锲而不舍反复阅读，也能慢慢理解。

一个崭新的世界就在眼前

这样不断的经验积累会使我们熟悉晦涩难懂的文章的逻辑脉络，阅读速度和理解速度双双提升。除了思维能力以外，看清事物本质的能力也得以加强。而这些进步根本无法从风靡一时的商业类读物宣扬的“大框架”的技术性思维中获得。

心中树立哲学思考力的意识，与众多古典著作零距离接触，就能自然而然地认清事物的本质和整体结构。在此基础上，若能与下文论述的历史学、自然科学的思维方式融会贯通，一个曾经雾里看花的崭新世界将会出现在我们的眼前。

乍一看哲学与经济风马牛不相及，然则哲学之功用无处不在，笔者热切期待读者朋友们的经济预测力更上一层楼。

5 三大视角之“如何借鉴历史教训”

对笔者不甚了解的人或许会从经济分析师的职业上判断笔者是经济学、经营学专业出身，所以当他们知道笔者大学其实学的是历史学时，都感到十分惊讶。

作为经济分析师和经营顾问，笔者有幸承蒙大家高度评价，这是因为笔者坚持以历史学的视角为中心看问题，同时兼收并蓄哲学、自然科学等各种知识，得出经得起检验的结论。从不同领域的学问出发看待经济和经营反而更加客观。

真正的历史学不是死记硬背

日本人普遍认为学历史就是填鸭式地灌输知识。确实，在现代的高中教育中，世界史、日本史等课程都是教授从古至今的政治、经济、社会、文化的史实，让学生按照年号死记硬背历史事件、人物名称等，沦为了考试的工具。

不仅如此，就连大学的历史学也常常被人们误解。高中的历史课程是古往今来的事件的记录，而大学的历史学把历史本身作为研究对象。学习历史与学习历史学是不可同日而语的。

但是大部分日本人都认识不到这一点，他们觉得历史学不像经济学、经营学、法学、数学、物理学、化学等那样能够对现实社会及商业有实际效用。

而在笔者眼中，真正的历史学不是死记硬背，历史学是冷静分析历史事件并从中得出经验教训，以便有益于现代和未来发展的学问。此外，在分析历史事件的过程中，多角度的分析能力也能得到锻炼。

人类不断重复相同的错误

笔者从历史学中得到的最重要的启示是“从古至今人类不断重复相同的错误”。人类的历史在繁荣与衰落、扩张与收缩中循环往复，其兴也勃焉，其亡也忽焉，终归跳不出成功与失败的周期律。

罗马帝国、伊斯兰帝国、蒙古帝国、大英帝国曾经横扫世界，各领风骚，很多国家和王朝也像它们一样经历过四海升平、繁荣昌盛，最终却湮没在历史的长河中，尘归尘土归土，相似的画面不断重演。这些国家四方征伐、攻城略地、开疆拓土的原动力来自人类永无止境的欲望。

历史告诉我们，军事与经济在人类的欲望的作用下一拍即合、密不可分。只要能通过战争把战败国的广大民众当作奴隶，本国的繁荣发展就有了保障，欲望就得到了满足。换言之，扩张国力的野心与攫取经济利益的动机丝丝相扣、沆瀣一气。

但是，国虽大好战必亡，与他国争夺领土的长期的消耗战会使国力疲敝、油尽灯枯，即便一时叱咤风云，最终也会走向衰落。过去的史实即是笔者的论断的最好注解。

在不明朗的社会中需要积极作为

历史是将古往今来的失败案例串联起来的教科书，历史学则是分析这本教科书的内容的手段，可以从中学到非常多的经验教训。谁也无法完全分离自己的主观意识，但是借助历史这面镜子我们能够培养良好的大局观，训练看清事物本质的能力。

将现在正在发生，或今后可能发生的问题与过去的类似事件对照分析，就有机会避免在同一个地方跌倒两次，这便是历史学的存在价值。因此，从多角度分析一个事件发生的原因、背景、当时人们的价值观以及历史影响等是不可或缺的。

或许有人会说，人类是多么愚蠢，不管历史学给予了我们多么宝贵的教训，只要不以史为鉴，一条道走到黑，历史学的存在价值就会被削弱。尽管如此，在这个一切都不甚明朗的现代社会中，我们还是需要积极作为，去预估自己能否避免重蹈覆辙，并且这种预测行为对我们至关重要。

6 历史学的思维方式构建宏大视野

笔者认为，历史学的存在意义不是对知识的死记硬背，而是以知识为基础进行多角度分析，掌握严谨的思维方式。当然，一些基础的历史知识还是很有必要记住的，否则无法以宏大的视野观察事物。

这话听起来似乎有些自相矛盾，但并非如此。分析、预测事物需要一定水平的知识储备和基本的学习能力，实际上知识越丰富，成功借鉴历史教训的可能性就越高。

因此，笔者并不否定在日本被否定了的填鸭式教育，没有足够的知识量，不仅无法正确分析，还有误入歧途的风险。

1997 年的消费税增税与 2014 年不相同

一个典型的错误结论就是把 1997 年与 2014 年的消费税增税相提并论。

2014 年提高消费税时，大部分经济专家都表示“1997 年消费税增税后，日本经济开始了长期衰退，吃一堑长一智，这次可不能再增税了”。听闻此话，笔者当时就觉得怎么会有这么多经济专家连基本的历史常识都能搞错。

直到今天，依然有很多专家把 1997 年与 2014 年的两次消费税增税当作同一回事，这大错特错。其原因不仅是他们对历史不够了解，更严重的是没有认真地观察历史的时间顺序。

1997 年 4 月，消费税提高了 3%—5%，其后果究竟如何呢？1997 年的实际工资与上一年度持平，个人消费比上一年增加了 0.9%。消费税增税导致物价上升，也就是说可以等同于实际工资下降了。但即便如此，实际工资和个人消费并没有出现负增长，因此我们断定消费税增税与当时的经济形势恶化没有必然联系。

1998 年起日本经济陷入衰退的真正原因是 1997 年 11 月北海道拓殖银行、山一证券等先后破产，出现了系统性金融危机。从时间顺序上看当时的经济指数，把经济衰退归咎于消费税增税是毫无道理的。1997 年的家庭消费在 4—6 月期间因抢购性需求后的回落而减少，但 7—9 月期间开始恢复。矿产工业生产指数及其他主要经济指数也保持坚挺。直到 1997 年底至 1998 年春，主要经济指数才开始恶化，这个时期与银行因系统性金融危机转而对放贷采取谨慎态度的时间节点完全重合。

2013 年以后，日元贬值导致输入性通货膨胀，在实际工资本来就已经持续下降的情况下，2014 年的消费税增税进一步火上浇油。结果 2014 年的实际工资下降了 2.8%，个人消费减少了 0.9%（全年度减少了 2.9%），与 1997 年提高消费税时相比，家庭财务状况明显恶化，因此不能把这两次消费税增税相提并论。

两大武器：丰富的知识量和历史学的正确思维方式

如果放任这样的错误分析蔓延滋长，很可能导致未来的政策判断失误，将会造成难以估量的严重后果。经济专家们预测失误的主要原因是历史眼光狭隘，知识储备不足，没有严谨对比历史事件，加上缺乏历史学的基本态度，不能很好地把握事件的背景、条件、状况，和现在的对比分析也就无从谈起，只能看到表面的类似，得出不靠谱的结论。他们如果想从历史学的视角出发进行正确的对比，不仅要恶补历史知识，还要谦逊地学习历史学的基本态度。

伯南克的恐慌论研究中的“通货紧缩=不景气”、克鲁格曼针对日本提出的通胀目标政策，以及通货再膨胀学派的经济学家宣称的“只要物价上涨日本的经济就会复苏”全都经不起推敲，都是因缺乏历史学的思维方式而产生的残次品。

我们必须把这些案例当作反面教材。丰富的历史知识和历史学的正确思维方式这两大有力武器两手都要抓、两手都要硬，才能实现有助于当今的普遍性分析和预测。

7 三大视角之“如何利用自然科学的思想”

从学问的类别上看，一般认为经营顾问、经济分析师的职业属于社会科学范畴的工作。那么或许有人会说，只要学好社会科学中的经营学、经济学，工作就能游刃有余了吧。

但是笔者在实际工作中，运用人文科学、自然科学的时候远远多于社会科学。经济学的理论往往夸夸其谈、徒有虚名，而自然科学的各种理论却让笔者茅塞顿开，思如泉涌，许多想法和点子是之前完全想不到的。

板块构造学说适用于经济预测

那么自然科学的思想具体指什么呢？

笔者在分析经济状况时，运用了地质学的板块构造学说。该理论认为地球的表面由几个大陆板块和海洋板块组成，这些板块因地球内部的地幔对流相互碰撞移动。每当世界各地发生大地震时，该理论经常被用来解释地震的机制（见图 4-2）。

图4–2 板块构造学说解释下的地震机制

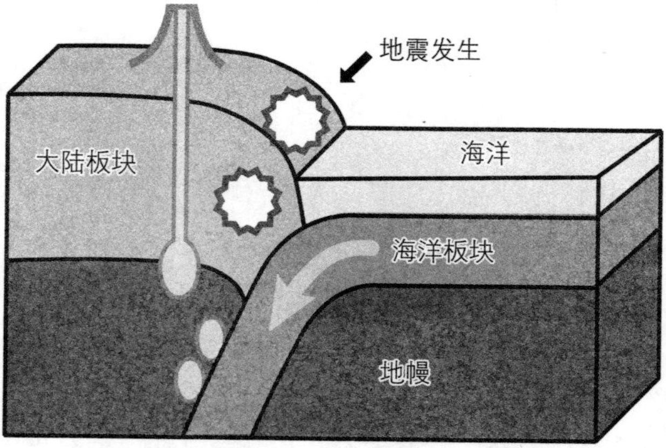

大陆板块与海洋板块之间的
不平衡，或大陆板块与
大陆板块之间的不平衡
日积月累，最终压力突破
临界点，发生地震。

比如，大陆板块与海洋板块发生碰撞时，海洋板块持续俯冲到大陆板块下方，大陆板块为了对抗海洋板块的挤压，其边缘部位被迫发生变形，随着时间推移，变形积累的能量越来越多。

最终，当变形的部位不堪重负时，大陆板块试图恢复到变形发生前的状态，弹跳至海洋板块上方。这一系列的板块运动即是地震发生的机制。大陆和海洋两大板块之间持续产生的微小的不平衡日积月累，成为巨大的不平衡，当压力突破临界点时，地震就产生了。

“积压的不平衡迟早要释放”的自然规律不仅能解释地震、火山等自然现象，而且适用于所有的世间现象，经济当然也不例外。

今后的危机中无法完全消除不平衡

事物的不平衡必然导致冲突。当冲突积累到一定程度，早晚都要爆发。而如果突然采取消除不平衡的激进行动，就会引起巨大的混乱。

在经济系统中，错综复杂的冲突也不可能永远持续下去。不管怎样，当系统无法承受各种冲突的重压时，它就要拼尽全力去消除这些不平衡。以雷曼兄弟破产为代表的世界金融危机正是一场因消除实体经济与货币经济的不平衡而产生的强震。

不过笔者认为，在金融市场与经济全球化密不可分的背景下，不会发生消除所有不平衡的大地震。就连雷曼兄弟破产时的金融危机在大范围地消除实体经济与货币经济的不平衡方面都是不充分的。世界各国的中央银行过分依赖放松银根的手段，二者的不平衡已经回到了雷曼兄弟破产前的状态。

而 1929 年开始的世界大恐慌或许完全消除了当时实体经济与货币经济的不平衡。在此之后，除去第二次世界大战期间，虽然发生了墨西哥货币危机、社会主义阵营的瓦解、亚洲金融危机、黑色星期一等局部的危机，在进入 21 世纪以前并未出现雷曼兄弟破产量级的巨大冲击。

但是经济全球化使得人力、财力、物力在短时间内自由流动，尽管这种量级的危机已经发生，在下一次强震到来之前，其缓冲期大概只有 10 至 15 年时间。一旦各种不平衡积重难返，不仅是货币经济，人类很可能也失去对实体经济的掌控。

在下一节中，笔者将继续讨论如何将板块构造学说应用于经济分析，同时说明气象学中的蝴蝶效应、物理学和数学中的混沌理论与经济的相关性。

8 自然科学的思想引导正确的经济预测

如果只在一个框架下观察世界经济，就会遗漏一些不平衡的状况。为了正确认识现状，必须把整个世界置于若干个框架之内进行多角度的观察。

如此一来，我们便能发现除了实体经济与货币经济的不平衡之外，债务与储蓄的不平衡、供给与需求的不平衡、经常项目赤字国家与经常账目黑字国家的不平衡、经济差距造成的不平衡等不同层次的不平衡相互交错、不断扩大，今后必将成为制约世界经济发展的沉重镣铐。

上一节提到，在消除实体经济与货币经济的不平衡的过程中发生了世界金融危机，虽然金融危机中各种不平衡不断增加，世界经济在2016年年底前也算避开了巨大的危机，安然度过。

通过消除不平衡的程度预测下一次危机

地质学一般认为，如果发生东日本大地震级别即9.0级的地震，那么在相同的区域再次出现相同震级的地震需要花费一定的时间。比如发生 5 级地震的周期比 7 级地震短，3 级地震比 5 级地震周期短、频率高。

笔者认为这同样适用于经济分析。也就是说消除不平衡的经济危机的大小有别，其消除的程度也有很大的差距。在经历严重的危机后，许多不平衡得以消除，在下一次严重的危机前留有十分宽裕的时间；而轻微的危机无法按照预想的那样消除不平衡，下一场轻微的危机马上就会到来。

错综复杂的不平衡不断积累，当压力突破临界点时，世界经济、各国经济都将面临危机。这些危机的震级几何、严重与否、时间早晚，通过分析震级与时间的组合模式，大致能够把握预测的方向性。

比如希腊债务违约这样的小规模问题几乎对欧洲国家积压的不平衡没有任何消除作用，欧洲债务危机这样中等程度的危机也无法完全消除财政上的不平衡，其副作用就是欧盟及欧洲各国每年都会发生这样那样的问题，并且我们大体上能够预测到相关的状况。

连锁反应：风起于青蘋之末

笔者经常使用“不平衡”和“连锁”这两个关键词来表述经济全球化的本质。直到经济全球化兴起之前的 20 世纪 90 年代，世界经济的运转完全是靠实体经济而非货币经济。但是如今经济的连锁反应越来越强，膨胀的货币经济在很大程度上影响着实体经济。

经济的连锁反应可以用气象学中的“蝴蝶效应”来解释。蝴蝶效应指的是“一只南美洲亚马孙河流域热带雨林中的蝴蝶，偶尔扇动几下翅膀，可以在两周以后引起美国加利福尼亚州的一场龙卷风”。其原因就是蝴蝶扇动翅膀的运动导致其身边的空气系统发生变化，并产生微弱的气流，而微弱的气流的产生又会引起四周空气或其他系统产生相应的变化，由此引起一个连锁反应，最终导致其他系统的极大变化。这听起来很荒唐滑稽，不过确有道理。“初始条件下极其微小的变化能带动整个系统的难以想象的巨大连锁反应”，它是关于物理学、数学中的混沌现象的一种比喻。

基于这个理论，“一名青年在伦敦卖出少量的股票引起美国市场的股价暴跌”或者“一个日本小作坊的破产引起日本经济萧条”都是有可能成为现实的。

蝴蝶效应倾向于在不确定的系统中呈现出非线性状态，那么货币经济时而出现在庞大的不确定的经济系统中也不足为奇。

风起于青蘋之末，浪成于微澜之间，经济全球化使得连锁反应越来越强，一个微不足道的事件可能引起巨大的危机，而且其扩散非常迅速，在短时间内就能影响到世界各地。世界各国接受了全球金融危机的教训，对大型金融机构从制度上加以制约，但是一旦经济陷入恶性循环，这些制约措施是否真的能够发挥作用呢？笔者对此深感怀疑。

复杂的非线性的混沌现象也能预测

由于实体经济与货币经济的不平衡，经济系统中充满了不确定的因素，蝴蝶效应等混沌现象逐渐支配经济系统。笔者认为这在直觉上是正确的认识，但并不意味着“预测经济是完全不可能的”。在笔者的经验论的思维中，通过与其他的自然科学的理论知识融会贯通，我们能够以相当高的概率成功地预测经济趋势。因此，展望经济前景离不开科学的武器。

9　融会贯通，提高经济预测力

行文至此，笔者亲身实践的经济预测的方法论已经揭开分晓：从锤炼历史学、哲学的思考力出发，广泛吸取自然科学以及其他的学问中的真知灼见，积跬步、至千里，积小流、成江海。

说起来历史专业出身的笔者为什么会对哲学感兴趣，其实只是源于一个简单的疑惑："那些彪炳于世界史教科书上的哲学家们是如何思考问题的呢?"此后，笔者开始接触他们的思维方式，在从历史学看哲学的同时，也慢慢养成了从哲学看历史学的观察力。九层之台起于累土，如此锤炼出来的思考力为经济分析与预测打下了坚实的基础。

学哲学，用哲学，海纳百川

当笔者养成了探究事物本质的习惯之后，自然而然就把自然科学的知识运用于经济分析中，因为近代的西方哲学覆盖了近现代以来形成的自然科学、社会科学等诸多领域，确立了除神学、医学以外的所有学问的源泉的地位。

近代的西方哲学家在做好“本职工作”的同时，还活跃在历史学、伦理学、经济学、数学、物理学、天文学等各个领域。彼时，牛顿、伽利略等人还是年轻气盛的哲学家，近代以后随着学科分类的精细化，他们的科学家身份才被世人所熟知。

这样看来，几乎所有的学问都带有哲学的 DNA，因此学好哲学、用好哲学，就能够海纳百川、兼收并蓄，将各种学科的思维方式融会贯通。突然某一天会惊喜地发现自己的眼前豁然开朗。

两手并举，发现事物普遍联系

研究一门学问，不仅要记住重要的知识，更要努力地、自主地思考并理解“为什么是这样”，在此过程中知识储备和思考力都能得到提升。此外，用疑难问题给大脑加压负重，使其疲劳感达到极限，增益其所不能，这种习惯是锻炼看清事物本质的思考力的捷径。

其次，在广泛涉猎、博采众长之时，一方面要掌握某一学科的知识，另一方面要时刻思索这门学问是否和其他学科具有某种关联性，比如现在学习的“哲学思维方式”与曾经学过的“生物学现象”“物理学定律”是否存在因果关系。我们需要跨越学科门类，尝试将知识融会贯通。

水滴石穿，绳锯木断。锲而不舍，金石可镂。经过这样的训练，我们可以看清事物的本质而不感到大脑疲惫，可以融会贯通、举一反三，可以把迄今为止对事物的碎片化的认知整合起来，发现万事万物之间的普遍联系，进一步抽丝剥茧、寻踪觅源。

融会贯通，预测经济

在经济领域中，只有不拘一格，吸取各个学科的知识的精华，才有可能做出高准确率的经济预测。闭门造车、固步自封则如井底之蛙，经济学的许多理论对现实经济来说只是纸上谈兵。经济专家们想要正确预测现实经济，必须痛定思痛，从浩瀚的知识海洋中补充营养，进一步提高水平、完善自我。

在这本著作中，笔者融合了各类学科的知识，构建了经济分析与预测的思维框架。读者朋友们通过对书中内容的实践，可以养成良好的思考能力，对经济趋势乃至我们身边的诸多事物和现象都能够进行精确细致的分析和预测。